幼儿STEM教育丛书

为幼儿创设瑞吉欧式的STEM环境

［美］薇姬·卡珀·巴尔托利尼 著
Vicki Carper Bartolini

田 慧 | 译

Creating a Reggio-Inspired
STEM Environment for Young Children

教育科学出版社
·北京·

出 版 人　郑豪杰
策划编辑　李秀勋
责任编辑　李秀勋
版式设计　郝晓红
责任校对　贾静芳
责任印制　李孟晓

图书在版编目（CIP）数据

为幼儿创设瑞吉欧式的STEM环境 /（美）薇姬·卡珀·巴尔托利尼著；田慧译. —北京：教育科学出版社，2024.4
（幼儿STEM教育丛书）
书名原文：Creating a Reggio-Inspired STEM Environment for Young Children
ISBN 978-7-5191-3619-2

Ⅰ.①为… Ⅱ.①薇… ②田… Ⅲ.①学前教育—环境设计 Ⅳ.①G61

中国国家版本馆CIP数据核字（2023）第230270号
北京市版权局著作权合同登记　图字：01-2023-3812号

幼儿STEM教育丛书
为幼儿创设瑞吉欧式的STEM环境
WEI YOU'ER CHUANGSHE RUIJI'OUSHI DE STEM HUANJING

出版发行　教育科学出版社	
社　　址　北京·朝阳区安慧北里安园甲9号	邮　　编　100101
总编室电话　010-64981290	编辑部电话　010-64989424
出版部电话　010-64989487	市场部电话　010-64989572
传　　真　010-64989419	网　　址　http://www.esph.com.cn

经　　销　各地新华书店			
制　　作　北京京久科创文化有限公司			
印　　刷　保定市中画美凯印刷有限公司			
开　　本　720毫米×1020毫米　1/16		版　　次　2024年4月第1版	
印　　张　8.25		印　　次　2024年4月第1次印刷	
字　　数　82千		定　　价　25.00元	

图书出现印装质量问题，本社负责联系调换。

致我那富有好奇心且爱冒险的孙女罗茜和世界各地所有的幼儿，他们值得拥有奇妙的、游戏性的学习经历。

译者序

当前，STEM（科学、技术、工程、数学）教育是全球教育改革的热点话题，在幼儿教育领域也广受关注。近年来，STEM教育理论与实践路径的探讨都呈现出多元化的特点，不同行业、不同学科背景的从业者以及不同学段的教育研究者和教师都在通过不同的渠道发表自己的观点。本书的宗旨与探讨的焦点不在于争辩STEM教育的理念取向与实践方式，而是从被称为"第三位教师"的学习环境的创设切入，传递STEM教育的精神内核——培养未来公民的6C能力，即合作能力（Collaboration）、沟通能力（Communication）、知识储备（Content）、批判性思维（Critical thinking）、创造力（Creative innovation）和自信（Confidence）。

本书从幼儿STEM环境创设的几个关键议题出发，依次进行要点阐述，并呈现来自3所不同背景的幼儿园的实践案例，生动鲜活地呈现出如何将瑞吉欧教育理念渗透于STEM环境创设之中，激发幼儿的探究能力与创造能力，以及幼儿园的工作人员与幼儿家长如何协作，如何排除大大小小的困难、共同参与幼儿园的教育变革，共同为幼儿的发展创设更为有利的STEM学习环境。

本书的作者是一位大学教师，教育从业经历与教学经验都非常丰富，但是她并不以"导师"自居，而是从一线幼儿教师的实践视角出发，用充满共情的语言娓娓道来，叙说她接触 STEM 教育的经历、感受、发现与思考。她并不期望能够通过这本书"教会"读者什么，而是期望读者能够在阅读过程中思考并付诸行动，行动后再进行思考，这也是本书最大的魅力所在。

近年来，我国幼儿园在吸收 STEM 教育理念、实践 STEM 教育的过程中已获得了丰硕的成果，但幼儿教育工作者对 STEM 学习环境创设的认识整体上仍然表现出重物质轻理念、重形式轻内核、重特色轻基本的问题。本书所传达的幼儿 STEM 学习环境创设理念，能够为我们解决这些问题带来重要的启发。

其一，以有形的物质环境为基础，创设能够促进幼儿 STEM 学习的心理环境与文化氛围。要认识到，STEM 学习环境是一个生态系统，物质环境是其中能够直接与幼儿发生互动、建立联系、支持幼儿探索与学习的微观系统。对思维发展还处于前运算和具体运算阶段的幼儿来说，他们不论进行什么样的学习都离不开与有形物体、物质环境的互动。与此同时，物质材料的选择、陈列的方式包括物理空间的规划还要让幼儿感受到他们的探究（有时候甚至是具有破坏性的）、创造行为是被允许和接纳的，是被鼓励和支持的。在这样的心理环境和文化氛围中，幼儿更容易形成探究、创造的思维习惯，发展 6C 能力。这就是书中所谓"环境传达的信息与价值观"：我们希望幼儿在学习环境中获得怎样的发展、成为怎样的人，这才是 STEM 环境创设的根本问题。

其二，以幼儿园的原有特色为基础，创设具有园本特质的STEM学习环境。事实上，不论是什么样的幼儿园，将STEM教育付诸实践都是一件具有变革意义的事情，只是对原有系统的变革程度会有所不同。作者在书中呈现了3所园所特色、管理理念、课程开放性各不相同的幼儿园的实践案例，具体呈现出如何基于幼儿园原有的基础为幼儿创设STEM学习环境。首先，幼儿园管理者与一线教师以及幼儿家长要共同确立具有可行性的变革目标和愿景；其次，盘点在现有的体系中，为实现上述变革目标和愿景，幼儿园可用的资源有哪些，包括有形的物质资源、无形的文化资源（如园本课程基础、地域文化特色等）；最后，预估对于现有的体系需要做出哪些改变、能否改变、改变的影响如何，付诸实践并观察、评估其效果。

最后，借用书中的一句话，与有志于探索幼儿STEM教育的园所和教师共勉：找到志同道合者，一起开怀大笑，一起潜心探索吧！

田慧
于南京晓庄学院

目 录

致　谢	…………………………………………………………	001
前　言	来自一位幼儿教师的启示 ………………………………	001
第一章	来自瑞吉欧·艾米利亚的启示 …………………………	001
第二章	STEM 环境传达的信息和价值观 ………………………	011
第三章	对时间的运用 ……………………………………………	027
第四章	对空间的运用 ……………………………………………	045
第五章	对美学的运用 ……………………………………………	061
第六章	STEM 材料和主题 ………………………………………	071
第七章	教师的角色 ………………………………………………	085
第八章	创设瑞吉欧式 STEM 环境的资源 ……………………	099
参考文献	……………………………………………………………	109

致　谢

这本书得以问世，要感谢很多人。从瑞吉欧·艾米利亚和新西兰的访学之旅到获得教职，马萨诸塞州惠顿学院（Wheaton College）给予我极大的支持，让我有宝贵的时间来写这本书。66级名誉校董帕特里夏·阿诺德（Patricia Arnold）提供的休假资金，资助了我第一次到瑞吉欧·艾米利亚的变革性学习之旅。在这次旅程中，我见过的、访问过的和听过演讲的教育工作者们对我后来所有的专业工作都带来了重要的启发，尤其是对于这本书的写作。我非常欣赏和钦佩所有合作过或教过的幼儿教育工作者，他们无时无刻不在挑战我的思维。特别感谢丽贝卡·戈尔丁（Rebecca Golding），她曾经是我的一名学生，现在是一位教师。她在担任我的研究助理期间，工作热情且专注。感谢伊丽莎白·阿门幼儿园的米歇尔·柯伦-梅森（Michelle Curran-Mason）、开端计划幼儿园的德布·杜塞特（Deb Doucette）、安克雷奇公园幼儿园的薇姬·赖特（Vicki Wright）等诸位园长和他们的团队，如果没有他们持续参与讨论并慷慨奉献智慧，这本书就不会存在。感谢红叶出版社（Redleaf Press）的编辑梅利莎·约克（Melissa York），她娴熟的编辑工作让这本书完成得非常顺利。最后，在整个项目中，我的家人充满爱意的鼓励和支持对我来说意义重大。尤其要感谢我的丈夫鲍勃·巴尔托利尼（Bob Bartolini）。在我的整个职业生涯中，他一直对我充满信心，尽管我还有许多其他的义务要履行（还有疫情需要面对！），但他仍然鼓励我坚持到底。

前　言

来自一位幼儿教师的启示

我们生活在幼儿教育变革的关键时代，站在了多个领域的交汇点——在美国，接受数年幼儿教育和保育的儿童为数甚多；幼儿教育和保育在可获得性、可负担性和质量方面存在不平等现象；幼儿教育工作者面临职业压力；为儿童创造优质的游戏性学习环境日益重要。而在2021年，随着新冠病毒的全球大流行和美国对系统性种族主义的反思，这些挑战前所未有地浮现出来。

在我漫长而宝贵的教学生涯中，与儿童和成人一起工作的经历如同几股溪流汇合在一起，促进了我教育理念的不断发展，并最终促成了这本书的写作。在职业生涯的早期，作为一位小学特殊教育教师，我致力于帮助那些在某个方面（从复杂的家庭生活到学习能力）面临挑战的儿童。之后，在担任公立学校系统的幼儿教育协调员时，我开始熟悉幼儿教育和保育工作中的挑战——

它通常被称为"混合传输系统"（mixed delivery system）（Marshall et al., 2005），包括公立、私立、家庭儿童保育、开端计划、早期干预等各类项目。随后，我进入高等院校从事本科和研究生层次的师范教育工作，教授新英格兰地区的许多职前的准教师和在职的教师。

从事高等教育工作期间，我有幸多次到意大利北部的瑞吉欧·艾米利亚学习，那里卓越的幼儿教育项目享誉世界。在那里，瑞吉欧教育理念的方方面面都让我着迷。让我深深钦佩的是，他们不仅尊重儿童的能力，而且尊重幼儿教育工作者启发心智的工作。我注意到，他们许多以儿童为中心的著名项目中都整合了STEM（科学、技术、工程和数学）的经验。例如，我参加过的一个项目展示活动，就记录了儿童对"如何创造彩虹"进行的探索和研究。其他著名的项目还有儿童对鸟类的研究和为鸟类建造游乐园。特别让我受到启发的是，他们非常重视学习环境的重要性，将环境视为教室中的"第三位教师"。

之后，结合我在为所有儿童提供优质的幼儿教育和保育、通过游戏进行学习、早期STEM素养和瑞吉欧教育理念等方面的兴趣，我开始对幼儿的项目进行视频记录，记录他们在各种环境中通过游戏初步理解STEM的发展过程。最终，对STEM的关注促使我在《幼儿教育创新：瑞吉欧·艾米利亚国际交流》（*Innovations in Early Education: The International Reggio Emilia Exchange*）上发表了一篇文章，并在国内和国际会议上做了相关的报告。它还促使我不仅致力于教学，而且致力于为了所有幼儿和幼儿教育工作者的利益从事宣传和政策制定工作。

在当前这个动荡不安的时期,这些优先事项仍然推动着我的工作。尽管写到这里的时候,我们还不知道疫情后的幼儿教育会是什么样子,但是我们的社会比以往任何时候都更加重视幼儿教育对儿童发展和经济活力的重要作用。此外,我们迫切需要培养重视探究和STEM的学习者,他们最终将成长为具备STEM素养的公民,有的还将成为STEM专业人才。我们必须下定决心,让所有儿童都能公平地获得高质量的幼儿教育和保育,包括黑人儿童、原住民儿童和有色人种儿童——他们往往被我们七拼八凑的幼儿教育和保育"混合传输系统"所忽视。无论社会经济地位、性别、种族、民族、健康状况、宗教或母语如何,所有儿童都应该有机会发展他们的能力。所有儿童都应该获得优质的幼儿教育和保育项目,其中配备了充满爱心且准备充分的幼儿教育工作者。所有的儿童都应该拥有激励性的、重视通过游戏进行探究的学习环境。总之,我们的社会开始更加重视准备充分的幼儿教育工作者以及高质量的幼儿教育和保育的重要性。

随着政策制定者和管理人员对STEM教育的推动与日俱增,加大对教师专业发展的支持力度变得至关重要。因此,本书的诞生是基于我多年来与儿童、教师、管理人员和政策制定者打交道的经验,也是基于为所有儿童提供高质量的早期STEM学习环境的迫切需要。多年来,我一直在为有兴趣将STEM融入课堂的幼儿教师教授一门课程——幼儿园STEM教学(*Teaching Preschool STEM*)。在此期间,我遇到了一位幼儿教师玛丽(Marie),她对这门课程的态度引起了我的兴趣(起初也让我很沮丧)。为了更多地了解这些教师,我询问了他们学习这门课程的目标。有些人提到，想要更深入地理解探究，熟悉新的州立标准，或者更多地了解瑞吉欧教育；而玛丽告诉我，她"只是"想知道她的教室环境中应该有哪些材料。当时，我认为我和其他学员可以在第一堂课上就回答她的问题。我很困惑，这难道就是她想从这门课程中得到的"全部"吗？因为她的教室环境中似乎资源很充足。

我很快意识到，她的问题对于我理解这些教师的需求是多么重要，而玛丽提出这个问题是多么诚实和勇敢。教师们的需求是丰富的，包括：

- 理解探究和 STEM 涉及的科学过程；
- 发展与主题相关的内容知识；
- 识别并获取适宜的专业资源；
- 实施预设的活动，通过引导性游戏支持学习；
- 建立背景知识；
- 准备好以新的方式开展教学；
- 也许最重要的是，获得专业发展的时间和管理人员的支持，从而实现以上这些目标。

这对我来说是一个顿悟时刻，它让我明白了怎样才能更好地与幼儿教师合作，以满足他们迫切的实际需求。毕竟，他们在工作的同时也在努力加强自己的 STEM 背景知识，获取必要的材料，布置学习环境,并把 STEM 的奇妙以有趣、有效的方式带给幼儿——这的确是一项艰巨的任务!我们的社会已经开始依赖这些幼儿教师来支持劳动力的培养,然而这些"基层工作者"通常超负荷工作,还面临着报酬偏低、工作价值被贬低的问题。

最终,玛丽和班上其他学员付出的努力远远超出了我的预期。他们的项目展现了幼儿对声音、物态、光影、建筑设计/建造和园艺的学习,也记录了教师提问技能的发展。他们报告了自己对幼儿园学习环境的调整,包括增加探究性学习和减少预设性教学。有的还分享了他们如何把户外场地当作教室而不仅仅是游乐场;如何把更聚焦的学习延展到几天或几周,而不是压缩在 15—20 分钟的 STEM 活动中;如何进行宣传,从而争取领导的支持,让幼儿家长看到自己的努力。

通过我和玛丽以及其他数千位幼儿教师的互动,我得出的结论是,为幼儿创设瑞吉欧式的 STEM 环境,需要关注以下这些关键的实践(同时也是理念)问题:

- 幼儿 STEM 环境传达的信息和价值观,
- 对时间、空间、美学和材料的运用,
- 教师的角色。

运用这些要素还可以促进戈林科夫和赫胥-帕塞克(Golinkoff & Hirsh-Pasek, 2016)在《未来能力教养》(*Becoming Brilliant*)一书中所描述的 6C 能力的发展,即合作能力(Collaboration)、沟通能力（Communication）、知识储备（Content）、批判性思维（Critical thinking）、创造力（Creative innovation）和自信（Confidence）。他们一致认为，"瑞吉欧方法"能让儿童和教师都获得最大的快乐、满足和智力参与。我的愿望是，本书的读者能从小事做起，一步一个脚印，开始重新设想游戏性、探究式的 STEM 学习环境——它欢迎所有的儿童，是诱人的、奇妙的。

如何使用这本书

读者们会发现，本书的每一章都关注了在创设游戏性、探究式的幼儿 STEM 学习环境时要考虑的一个要素。第一章"来自瑞吉欧·艾米利亚的启示"强调了瑞吉欧教育理念的原则，这些原则深刻地影响了我与幼儿教师的合作。第二章则重点讨论了"STEM 环境传达的信息和价值观"。读者需要思考自己创设的前阅读环境向儿童和家庭传达了怎样的信息和价值观，并将其与自己创设的 STEM 学习环境所传达的信息和价值观进行比较。

第三章和第四章的重点是灵活运用时间和空间来促进并维持 STEM 学习，这在美国的幼儿园中往往是缺乏的。第五章"对美学的运用"鼓励读者思考美感、秩序和自然要素的重要性。在第六章"STEM 材料和主题"中，我分享了一些 STEM 学习的案例及相应的材料。第七章"教师的角色"鼓励读者思考瑞吉欧教育所说的"倾听教学法"（pedagogy of listening）以及教师的其他知识和技能。最后，本书第八章还提供了幼儿教师和我发现的一些有益于 STEM 学习环境创设的资源样例。

每一章都包含一个实践模块，即自我评估检核表，帮助读者决定明天要尝试的一件事。每一章的最后是"快照"专栏，展示了 3 所不同的幼儿园（其灵活性、资金来源和所获支持各不相同）在瑞吉欧教育理念的启发下，怎样应对 STEM 学习环境创设过程中大大小小的挑战。这 3 所幼儿园分别是位于惠顿学院校园中的伊丽莎白·阿门幼儿园，作者所在社区的开端计划幼儿园，以及位于新西兰奥克兰的安克雷奇公园幼儿园。伊丽莎白·阿门幼儿园的探索聚焦在创建户外教室。开端计划幼儿园致力于平衡预设性课程和游戏性、探究式的 STEM 学习。安克雷奇公园幼儿园则持续致力于创设尊重所有儿童能力的神奇环境。

本书通篇强调了创设 STEM 学习环境时将所有儿童纳入考虑的重要性，无论其性别、种族、民族、宗教、母语、健康状况或社会经济地位如何。此外，作为教师，我们有责任通过使用低成本（或无成本）的、可回收并再利用的材料来树立尊重地球环境的榜样。我们也有义务培养儿童对大自然的欣赏和责任感——我们都是大自然的一部分。

最后，不管是在阅读本书时还是平时，永远要对自己保持耐心。改变是需要时间的，你可以像婴儿那样先迈出一小步，亲身试一试，看看对你的班级来说哪些是有效的，哪些是无效的。找到志同道合者，一起开怀大笑，一起潜心探索吧！

第一章

来自瑞吉欧·艾米利亚的启示

> 我们对儿童的期望必须非常灵活和多样。我们必须能够像儿童那样,经常去享受惊叹和喜悦。我们必须能够接住儿童扔给我们的球,然后用一种合适的方式抛还给儿童,让儿童愿意和我们将游戏继续下去,在此过程中可能还会发展出其他的游戏。
>
> ——提茨安娜·费列皮尼(Tiziana Filippini),教学专家,瑞吉欧·艾米利亚记录和研究中心前主任,引自《儿童的一百种语言(第3版)》(The Hundred Languages of Children, 3rd ed.)

和成千上万受到瑞吉欧教育理念启发的人一样,我对环境(特别是与STEM学习有关的环境)的思考转变了我所有的专业工作。我惊讶地发现,在我看到或读到的瑞吉欧项目中,涉及探究式STEM学习的是如此之多。无论是研究城市建筑的结构,还是研究剧院中窗帘的机械原理,儿童都在进行观察、收集数据、做出预测、分析和评估数据的过程中，持续发展 6C 能力。在儿童探索水的特性、齿轮和机械装置以及烹饪中的化学过程时，捕捉他们的问题、假设、合作、误解、沟通、修正、发现、喜悦和惊奇，这些经历深化了我对儿童能力的思考，也让我更加认识到高质量、游戏性学习经验的重要性。

所有的儿童都应该拥有奇妙的、激励性的和创造性的 STEM 学习环境，他们的惊讶、好奇、问题和观察都应该得到重视。同时，应该给所有的教师提供机会和支持来创设这样的学习环境，这种环境对他们自己也是富有启发性和吸引力的。我所说的"瑞吉欧方法"为创设这样的学习环境提供了一个路线图，它强调找到一件使用精心选择的、低成本（或无成本）的日常材料即可完成的事，明天就去试一试。在整本书中，我都会聚焦于以下几个要点，它们反映了我对瑞吉欧教育理念的核心认识。

1. 瑞吉欧的教师将环境形容为"第三位教师"

一般来说，幼儿园的教室里都会有两位教师鹰架（scaffold）和促进儿童的学习。在瑞吉欧的幼儿园中，环境被认为是第三位教师，是支持和建构学习的实验室。对环境的有意设计能够促进儿童和成人之间的接触、关系、交流和合作。大自然中那些令人困惑的事物会激发儿童的惊喜、好奇、讨论和深入学习，他们的问题和兴趣也会演变为与教师的共同探究。在这个兼具引导性和灵活性的空间里，学习会随着时间的推移而徐徐展开。自然的光线、调色板以及精心选择和放置的材料，构成了富有启发性的学习环境；展示儿童作品的展板，则反映了对儿童能力的尊重和信任。在接下来的章节中，我们会进一步讨论环境所传达的信息和价值观（第二章）、对时间的运用（第三章）、对空间的运用（第四章）、对美学的运用（第五章）、材料和主题的选择（第六章）。

2. 瑞吉欧的教师经常将他们与儿童的工作形容为探究或研究

瑞吉欧的教师会使用"倾听教学法"，即在儿童的问题和兴趣的推动下，运用科学过程或探究方法，与他们合作进行探索——在美国，有些人称之为"项目式学习"（project-based learning）。他们一起进行观察，收集信息，分析数据，提出解决方案，并反思新获得的经验。教师认为儿童是有能力、有智慧的，相信他们能对自己提出的一些复杂的话题进行持续探究。儿童会合作研究一个感兴趣的话题或问题，并提出自己的想法。在这一过程中，教师在倾听儿童想法的同时，还会提出开放式的问题来进一步激发儿童的好奇心和批判性思维。教师会和儿童一起记录探究的过程和结果，捕捉其中的顿悟时刻并进行回顾和庆祝（参见第七章）。探究式或项目式学习的一些例子包括：种植并照料菜园，用蔬菜和水果制作食品，利用蚯蚓进行堆肥，以及观察并记录植物和动物的生命周期。

3. 教师会通过创设瑞吉欧式的学习环境促进 6C 能力的发展

正如戈林科夫和赫胥-帕塞克（Golinkoff & Hirsh-Pasek, 2016）在《未来能力教养》一书中所描述的那样，6C 能力是指合作能力、沟通能力、知识储备、批判性思维、创造力和自信。他们指出，"在许多方面，瑞吉欧方法都是在学校环境中发展 6C 能力的一个完美案例。与 6C 能力一样，它脱胎于科学，认为儿童不仅是会动脑思考的人，而且有其社会性的一面，是完整的、会主动参与的人"（Golinkoff & Hirsh-Pasek, 2016）。在瑞吉欧式的环境中，儿童在做项目计划时，会通过合作和沟通获得丰富的知识储备；在研究过程中，他们会运用自己的创造力和批判性思维——包括观察、比较、预测、分析、反思；尽管一路上可能会有冲突和分歧，但当他们满意地记录、完成并分享自己的探究或项目时，他们会建立自信、对彼此的信任和尊重。

4. 教师会亲身示范

我们需要启发儿童去赞叹、珍视、关爱神圣的生命网络，这是本书通篇都在传达的一种理念。瑞吉欧的教育工作者致力于打通教室内外的环境，发现在大自然中学习的机会。他们对雷米达创意回收中心（Remida, the Creative Recycling Centre）一丝不苟、别出心裁的运用，是这种努力的延续。工厂会向这个中心捐赠一些未使用的或废旧的材料，教师们则会对这些材料进行回收和再利用。

> **自我评估检核表**
>
> √ 你创设环境的理念是什么？你们班的理念是什么？你们幼儿园的理念是什么？你有自己的理念吗？本章讨论的瑞吉欧教育的各个要点和6C能力可以怎样与你自己的理念联系起来，或帮助你发展出一种活生生、会呼吸的理念，并让它体现在环境创设当中？
>
> √ 你已经拥有了哪些相关的资源？还有哪些有趣的材料可用？也许你有条件去一个安全的社区开展户外探索。在你步行可达的范围内，是否有公园、图书馆、博物馆、工厂、池塘、树荫或开阔的场地？你的父母、同事或朋友当中，是否有人愿意分享他们在STEM领域的爱好或专业知识？
>
> √ 按照苏珊·斯泰茜（Susan Stacey）所著的《幼儿园探究性环境创设》（*Inquiry-Based Early Learning Environments*）提出的准则，"审视幼儿教育环境中'应该怎么样'的旧脚本"（Stacey, 2019）。她将脚本定义为"长期坚持的做事方式"，而它们在你所处的环境中可能已经失去了意义或价值。在阅读本书的过程中，请你持续思考新的脚本，从而支持你关于幼儿STEM学习环境的不断发展的理念。

📷 快照：伊丽莎白·阿门幼儿园

伊丽莎白·阿门幼儿园历史悠久，位于马萨诸塞州诺顿市惠顿学院的校园内，提供私立的全日制和半日制幼儿教育服务。它是惠顿学院心理学系的一个实验室，也是该校教育系的实习基地。在和我一起去瑞吉欧·艾米利亚学习之后，该幼儿园的时任园长回到了这个基地，并对"旧脚本"以及他们的幼儿教育环境所传达的信息和价值观产生了质疑。她的质疑开启了幼儿园的许多变革，后来在满腔热情的新园长（一位曾与前任园长共事的教师）的带领下，这种变革一直持续到今天。例如，幼儿园入口处的门厅（瑞吉欧教育将其看作一种广场）现在被重视起来，成为教师、员工、儿童、家长以及在幼儿园工作的大学生志愿者碰面和交流的场所。对儿童探究过程的记录展示在这里，路过的人们会关注儿童的作品并表达自己的疑问、解释和欣赏，由此促进了公共讨论。

正如新园长自豪地指出的那样，门厅所传达的理念"尊重儿童"和"一切都是奇迹"，都与瑞吉欧教育理念和 6C 能力非常一致。然而，她也认为："变革是一个需要时间的过程。它需要得到员工的认同，大家一起想办法，虽然害怕但仍选择承担风险，不断尝试和复盘，当然还要寻找资源。"他们发现，在一次实现一个短期目标的同时也要确定一些长期目标，这样有助于保持平衡和判断力。自 2014

年以来,他们总体的长期目标是将传统的操场改造成具有游戏性与探究性的户外教室,同时努力整合艺术与探究式学习(有些人可能称之为 STEAM,即科学、技术、工程、艺术和数学)。短期目标使得家长咨询委员会(任期两年)能够将精力集中在一个具体的项目上,同时又朝着总体的长期目标迈进。这些短期目标包括购买一个有四个面的户外画架,并为儿童展示用的户外舞台加装一个顶棚。共同建造户外教室的过程,使家长、本地志愿者和教职员工建立了良好的伙伴关系。本书中关于阿门幼儿园的快照,主要聚焦于他们的户外 STEM 学习环境的持续发展。

快照:本地的开端计划幼儿园

在本地的开端计划幼儿园,园长指出:他们现在的环境中,

STEM 无处不在，到处都可以找到让儿童动手探索的机会，包括书柜、玩具架、戏剧游戏区、童书展示区和户外。教师准备的 STEM 工具，如天平、放大镜、大磁铁、积木和镊子等，随时都可用于动手探索。对生命周期的观察记录被放置在与儿童视线平齐的高度，能鼓励他们提出问题、展开讨论、分析数据和得出结论

这所由联邦资助的半日制幼儿园为儿童提供全面的服务，包括教育、营养、医疗、家庭支持、交通和家访等。这里的儿童有着不同的家庭背景，他们的母语往往不是英语。他们入园的标准是家庭收入。作为受联邦资助的机构，该园必须遵守各种规定，包括使用指定的创造性课程（Creative Curriculum）。几年前，开端计划开始强调为儿童提供整合式的 STEM 学习和经验。尽管本地的开端计划幼儿园并非有意识地根据瑞吉欧教育理念来设计目前的课程，但他们发现，随着时间的推移，在努力践行其课程准则时，他们发现并接纳了瑞吉欧教育的许多要素。

几年前，园长与惠顿学院的学生合作，开始了每周一次的 STEM 日。大学生们会计划并实施每周的 STEM 活动。如今，园长认为 STEM 已经以"点点滴滴"的方式融入每天的一日活动之中，教师和儿童都不再把"今天"视为 STEM 日。据她描述，教师变得越来越兴奋，他们发现整合 STEM"没那么难"。园长还表示，事实上儿童经常引领着教师——这表明教师在倾听儿童并与他们共同研究，这也是瑞吉欧方法的原则之一——比如教师会和儿童一起研究三棱镜、光和

彩虹。他们还会以真正的瑞吉欧方式，在许多学习模块的最后，由儿童、家庭成员和教师共同举办社区庆祝活动。

📷 快照：安克雷奇公园幼儿园

在安克雷奇公园幼儿园，环境是第三位教师，该园的教师创设了一个"引人入胜的神奇环境"，儿童可以流畅地从户外活动转入室内活动，在带着好奇心进行探索的过程中发展6C能力。

这所优质的公立幼儿园为奥克兰市郊区的儿童及其家庭提供全日制和半日制课程。该幼儿园采用 Te Whāriki① 课程（新西兰的幼儿教育课程，反映了英语和毛利语的文化），同时也符合当地幼儿园协会的政策。然而，正如园长所阐释的那样，"每所幼儿园都有自己的理

---

① Te Whāriki：毛利语，意为"编织而成的草席"。——译者注

念、愿景和事业规划，这使得它们在教与学、社会能力、文化和社区方面的个人信念能够大放异彩。"安克雷奇公园幼儿园的变革过程始于2009年年中，当时教师团队利用黏土和艺术做出了一个小小的改变，随后自然而然地开始思考："我们怎样才能为儿童提供一个神奇的空间，按照我们的理念来调整环境？我们怎样调整才能引发儿童的思维过程？我们怎样才能点燃他们思维的火花？我们的环境怎样才能满足儿童的需求？怎样平衡他们的所有需求？"这些深刻的问题开启了创设"引人入胜的神奇环境"的历程。

园长参观了4所体现瑞吉欧教育理念的幼儿园，每一所都比上一所更令人惊叹。她联系到一位专家，请她在幼儿园变革进程中担任导师。这位导师启发他们思考，让他们用简洁的语言阐释本园的核心教育理念。经过许多内部对话，6个月后，他们最终用4个掷地有声的句子来界定他们的教育理念。他们发现，变革的发生是"每次一小步"，而变革的进程激发了教学团队的力量。"我们学会了信任我们团队的力量，信任我们的思维过程和信念，而且变得坚定而自信"，这与瑞吉欧的教育工作者认为他们的工作能促进民主、启发心智是何其相似。那些长期的、可持续的目标，反映了该园50个家庭和19种文化的需求，至今仍是他们的优先事项。

第二章

STEM 环境传达的信息和价值观

> "环境是第三位教师"的概念是在不断发展的……我们已经开始意识到，这个概念比任何一套关于适宜的设备、材料、房间布置和展示的准则要复杂得多。它与我们对儿童的意象，对任何特定的儿童、教师和家长群体的认识和持续研究，对鹰架概念的理解，对记录方法的使用，以及对时间组织和学习共同体所有成员之间关系的思考方式息息相关。
>
> ——布伦达·菲弗（Brenda Fyfe），引自《对瑞吉欧方法的反思》（*Reflections on the Reggio Emilia Approach*）

许多幼儿教师花了大量时间去设计最佳的前阅读/早期读写学习环境。例如，走进我们社区的开端计划幼儿园，家长和孩子们会立即被橱柜和生日图表上的儿童名字所吸引。家具上有序地放置着精心书写的英语和西班牙语（有时还有其他语言）的标签，用来强化文字和实物之间的联系。一张引人注目的书写桌上摆放着回收的纸张和信封、橡皮印章、粗细不同的马克笔、铅笔和钢笔等，用来促进有目的的"书写"。阅读角有地毯、几个松软的抱枕和一张摇椅，非常舒适。教师还精心设计和摆放了一些有彩色标签的箱子，里面分别放着图画书、主题书、虚构和非虚构的图书、有关多元文化的图书、有声书（磁带）和非英语的图书。阅读角的附近还有一个木偶剧院，里面有购买和自制的木偶，供儿童表演故事。环顾整个教室，家长可以经常看到儿童的父母、祖父母和学生志愿者为儿童读书。他们会看到，教师在记录儿童描述自己的绘画或积木建构作品时的话语，或帮助儿童写生日卡。字母表张贴的高度与儿童的视线平齐，画架上则放着一本引人入胜的大书。家长们还会注意到，一些特别的背包里面装着书，这是为了鼓励他们把书带回家，晚上与孩子一起大声朗读。比起教师设计和开发激励性的早期阅读环境所用的复杂的知识基础和教学策略，上述场景只是一个很小的例子。

这个例子也充分说明了开端计划幼儿园的这些教育工作者想要通过学习环境传达的信息和价值观。通过他们的有意选择，家长和孩子们能够意识到进行前阅读和前书写是重要的，也是具有社会性和激励性的，同时还是吸引人的和轻松的。进行前阅读和前书写有多种方式，既可以独自进行，也可以与朋友一起。它并不总是"非对即错"的，有很多练习的机会。对童书的精心选择，体现了对不同的文化和家庭结构的尊重。学习环境中蕴含的前阅读和前书写机会，能够促进儿童 6C 能力——合作能力、沟通能力、知识储备、创造力、批判性思维和自信——的发展。

幼儿 STEM 环境传达的信息和价值观

在我的"幼儿园 STEM 教学"这门课程中，幼儿教师需要反思他们班的环境在探究与早期 STEM 学习的重要性方面传达了什么样的信息和价值观。为了启发这种反思，我们从他们感到最容易的地方开始——通过头脑风暴，列举他们目前是怎样通过创设学习环境来强调前阅读技能的重要性的。这份清单通常会列得非常详尽而确切，因为大多数幼儿教师在谈到创设促进前阅读的学习环境时，其信念都是相当热忱而明确的，并且所知甚详。随后，我们对怎样创设探究式、游戏性的 STEM 学习环境做了类似的练习。这一练习通常更具挑战性，因为许多教师很难说清他们班的环境究竟在多大程度上优先考虑并融入了 STEM 学习。对比两份清单，引发了进一步的讨论：为什么完成前阅读环境的清单，要比完成 STEM 环境的清单来得更容易？这种分析和反思使许多幼儿教师产生了顿悟：鉴于他们在上述练习中遇到的那些困难，最有可能的是，他们未能有意识地传达"STEM 对家庭或儿童很重要"的信息，而这往往反映出教师对 STEM 内容（与前阅读相比）缺乏信心和专业知识，或者对早期 STEM 素养的重要性认识不足。

重新设想 STEM 学习环境

随着课堂讨论的进一步深入，我们开始设想根据瑞吉欧教育理念和 6C 能力创设的 STEM 学习环境，并与这些幼儿教师平时所创设的 STEM 环境进行对比。例如，在强调探究式 STEM 学习重要性的环境中，儿童会合作进行游戏性的探索，从而传达 STEM 中社会性要素（沟通、合作等）的重要性。也许，当儿童开始研究在喂鸟器旁栖息的鸟时，他们会兴奋地分享望远镜，观察和讨论窗外各种颜色、大小的鸟，并通过图画、泥塑、照片或视频记录他们所看到的一切。他们还会通过查询图书和视频来识别各种鸟，并用图表呈现数据。然而，教师们承认，与灵活安排时间以促进儿童的探究相比，更常见的做法是，把一个废弃的鸟巢放在窗台上，旁边摆一些关于鸟类的图书，贴一张涉及不同种类的鸟的海报，希望儿童能注意到。

在我们设想的 STEM 学习环境中，对儿童 STEM 学习的记录是可视化的，允许儿童和家长回顾、反思并赞赏他们的学习历程与成果。例如，用一组照片记录儿童的搭建项目，包括他们对各种工具和简单机械进行的研究。然而，教师们承认，实际上他们很少留存 STEM 活动或探究的连续性资料来展示儿童的学习。与回应儿童的兴趣、通过开放式提问激发批判性思维、与儿童一起探寻答案相比，更常见的做法是，要么提供正确的答案、纠正错误的回答，要么容忍儿童错误的观念、不去进行质疑，尤其是当教师对自己的 STEM 知识缺乏信心的时候更是如此。

这个练习将设想中的 STEM 学习环境与许多幼儿园的实际学习环境和挑战进行对比，引导学员们思考如何精心地将 STEM 融入整个课程，并有意识地向儿童和家庭传达相应的信息和价值观。在这门课程中，我们花了很多时间，利用我在瑞吉欧学习时的课程读物、我自己在幼儿教育机构工作时录制的 STEM 活动视频、关于 6C 能力的论述以及本书中的自我评估检核表，重新设想教师可以通过 STEM 学习环境有意识地传达的信息和价值观。

学员们的自我觉察萌发之后，开始在参与这门课程期间（课程结束后也很有希望持续）致力于一个雄心勃勃但又具备可行性的计划。我希望本书的读者也能从他们的经验中找到灵感，促进自己的工作。他们同意结合瑞吉欧教育理念和 6C 能力来发展并阐述自己的 STEM 环境创设理念。他们还使用自我评估检核表和"明天要尝试的一件事"练习，确定要在本班环境中进行的小调整，并付诸行动。最后，他们计划根据本班儿童的问题和兴趣，至少实施并记录一项长期的 STEM 探究活动。我鼓励学员们尽可能地一起工作，以便集思广益，并相互鼓励、相互支持。在阶段性汇报时，每名学员都会把记录（索引卡上的笔记、大纲、图画、照片、儿童作品的样本、视频等）带到课堂上进行分享，庆祝取得的成功，并就正在进行的活动寻求反馈。这种协作性的、瑞吉欧式的专业发展活动促进了反思和问题解决能力的提升，最重要的是促进了对进步的赞赏。

学员们在发展自己的理念时，从考虑这几个问题开始：

- STEM 素养有多重要？作为教师和公民，你认为 STEM 素养对你自己的生活是否重要？
- 你是否觉得应该让儿童经常参与 STEM 学习？如果是这样的话，你是否为儿童示范了好奇、好问等学习品质？
- 你是否认为所有儿童都是有能力的 STEM 学习者？
- 你们班的环境对那些有特殊需要的儿童是无障碍的吗？
- 你所开展的 STEM 游戏和探究，是否鼓励和支持女孩、原住民儿童和有色人种儿童参与其中？
- STEM 材料、图书和视频的标签是否以多种语言呈现，以支持母语非英语的学习者？
- 探究活动的复杂程度是否具有层次性，以适应儿童不同水平的学习能力？
- 你是否认为探究是儿童 STEM 学习的核心？你是否会倾听儿童的问题和兴趣，并提出开放式的问题？
- 你会怎样优先考虑 6C 能力，并将其作为 STEM 学习的核心？
- 你会把引导性游戏视为学习机会吗？
- 儿童每次都得找到正确答案吗？
- 怎样灵活运用室内外空间和时间来支持探究活动的进行？
- 本班的环境是否能引发儿童的好奇心和求知欲？
- 你会怎样为儿童示范对自然环境的责任感？

要想稳步而慎重地转变成更具探究性的 STEM 环境，就需要仔细考虑和选择材料。（这也是我的学生玛丽一开始就提出的问题！）回收和再利用的物品是否得到了重视和运用？是否提倡材料的循环利用？自然材料（鹅卵石、树叶、贝壳、松果）、简单机械（滑轮、杠杆、齿轮）、交通工具（卡车、汽车、船、飞机、自行车）、生物（植物、动物）、开放性材料（loose parts）（串珠、纽扣、螺丝、镜子、各种边角料）、斜坡、球、积木和工具（望远镜、漏斗、管子、镊子）是否均有提供，且便于取用？

学员们还非正式地评估了家长、儿童、同事和管理人员是否注意到了他们更有意识地围绕 STEM 学习传达的信息和价值观。家长可能会看到，孩子们在参与引导性游戏或游戏性学习。在《幼儿园必须开展游戏性学习》（*A Mandate for Playful Learning in Preschool*）一书中，作者指出："游戏性学习或引导性游戏会让儿童参与愉快的、看似自发的活动，促进其对学业内容的探索和学习……在游戏性学习中，儿童不是在寻找唯一正确的答案，也不是在没有监督的情况下在教室里自由游荡。准确地说，儿童能感受到探索的自由，教师也会确保他们能接触到特定的内容。"（Hirsh-Pasek et al., 2009）这些游戏性的探究可能包括：用开放性材料创造一项发明，为戏剧表演制作道具，为庆祝活动准备各种零食，用积木为卡车穿过大山、越过河流、到达城市搭建最快的运送路线，等等。家长可能也会看到，孩子们像真正的科学家和工程师一样，在做出猜想、发表不同意见、进行质疑、相互协商、进行展示、分享策略，同时努力应对歧义、挫折、错误和误解，从而发展 6C 能力。

家长们开始认识到，高质量的早期 STEM 学习经验包含协作性、游戏性的社会互动，以及通过尝试错误或冒险进行学习。通过这些社会互动，儿童可以倾听和学习彼此的策略。那些背景经验有限的儿童会与经验更丰富的儿童一起解决问题。母语非英语的儿童会与他们的朋友一起玩耍，并跟着他们学习新的单词。STEM 被主动地整合到整个环境中，而不是被动、孤立地展示在架子上或窗台上。各种图表和海报反映了儿童对数据收集和分析的理解在不断发展。教师会使用倾听教学法，尊重儿童的问题和兴趣，并用开放式问题进行回应。在室内外都可以观察生物和生命周期，同时有大量的自然材料供儿童仔细观察、分类和欣赏。户外被视为另一个教室，可以培养儿童对大自然的好奇、尊重和关爱。游戏性的、神奇的、充满惊喜的 STEM 学习环境，就像前阅读的学习环境那样，不仅赏识所有儿童的能力，而且还包含灵活的时间和空间、美感、精心挑选的材料等基本要素，并充分认识到环境作为第三位教师的作用。

在我的这门课程中，学员们致力于创设更有目的性、挑战性和激励性的 STEM 环境。在此过程中，大家讨论了他们希望通过自己的选择向儿童和家庭传达的信息和价值观。

自我评估检核表

√ 在本班环境中，STEM 是局限于科学区、桌子、窗台或展架，还是融入整个环境？

- √ 儿童是否以小组的形式进行讨论和探究，运用球和斜坡、光影材料、磁铁等进行实验？

- √ 对儿童小组合作探究泡泡、植物、水坑、生命周期等的过程，环境中是否用文字或照片进行了记录？

- √ 对于天气、生命周期、简单机械、交通、计数等主题，环境中是否提供了具有发展适宜性且内容丰富的非虚构类图书和照片，以支持儿童的探索和研究？

- √ 环境中是否有处于不同生长阶段的植物（以及植物的真实照片），供儿童观察、预测并用日志或相机进行记录？是否有用于研究生命循环和水循环的容器？

- √ 环境中是否有自然材料（木头、石头、贝壳等）和人造材料（串珠、纽扣、人偶和玩具汽车等），供儿童整理或摆弄？

- √ 环境中是否贴有图表，以支持儿童的探究？

- √ 户外是否有菜园，可用于堆肥、种植、除草、采收和记录观察结果？（若空间有限，可以在大盆或大桶里种植，营造迷你菜园。）是否有喂鸟器、双筒望远镜和关于鸟类的图书，用于观察和研究鸟类，以及相机、画纸和马克笔，用于记录数据？

- √ 是否有条件让儿童在户外进行搭建，或玩沙子、水和泥巴？

- √ 室内和户外是否都有安静、私密、吸引人的场所，供儿童进行合作、反思，或放松地进行天马行空的想象？

- √ 本班环境是怎样传达"尊重所有生命"和"关爱地球很重要"

> 等信息的？你是否在重复使用材料，回收并再利用材料？
>
> √ 你是怎样使用技术的？是否主要把它当成研究相关主题并积极促进儿童 6C 能力发展的工具？
>
> √ 你是否会倾听儿童的问题和意见，同时示范好奇心、求知欲、怀疑精神等重要的学习品质？
>
> √ 是否所有儿童（包括各种有特殊需要的儿童）都参与其中，并被视为有能力胜任的？女孩、原住民儿童和有色人种儿童是否得到了充分支持，能够充分参与并挑战自己？

明天要尝试的一件事

你可以考虑邀请一位热心的同事（或导师）参与进来，他需要是一个你尊重和信任的，同时对 STEM 学习环境也感兴趣的人。拿出你的手机或平板电脑，慢慢平移镜头，拍摄你们班的环境。和你的同事一起回放视频，进行反思（可能还会伴随一些笑声）。在不做评判的情况下，问问自己和你的同事：你们班的环境中，突显了哪些信息和价值观？你们发现，其中哪些与 STEM 相关？你是否把 STEM 当作优先事项，充分融入你们班的环境中？如果你关于 STEM 环境重要性的理念体现得并不像你所希望的那样明显，请回顾一下自我评估检核表，确定一个切入点，开始逐渐向更加瑞吉欧式的

STEM 环境转变，以促进游戏性且愉悦的学习。为自己迈出这微小而重要的一步而点赞吧！

📷 快照：伊丽莎白·阿门幼儿园

阿门幼儿园聚焦户外教室，其季节性 STEM 探究活动包括漫步苹果园、采摘苹果、品尝苹果、画苹果和烹饪苹果食品，还有规划、种植和照料菜园。儿童在参与生命科学研究的过程中，有很多机会进行合作和沟通

这所幼儿园长期以来一直采用游戏式课程。经过反思、持续研究和专业发展，教师们在重新设计环境时努力进行有意识的选择，借此更清楚地向儿童、家庭和社区阐述并展现他们的理念和价值观。瑞吉欧教育关于时间、空间、材料选择和户外学习的原则以及 6C 能力的重要性，在该园环境中都体现得更加明显。户外环境的变化，显示

了它在该园生成性、项目式的生命科学课程中的核心作用。放在教室窗外的喂鸟器，为儿童的观察和研究提供了无尽的机会。季节性的STEM探究活动包括采摘苹果、品尝苹果、画苹果和烹饪苹果食品，以及规划、种植和照料菜园。了解生命周期后，儿童对蚯蚓进行了研究，仔细观察了池塘里的生物，还探索了大学校园里他们所说的"神奇森林"——一个树木繁茂、有点阴暗和神秘的地方，充满了令人惊奇的植物和动物。最近，该园的教师、家长和惠顿学院的大学生在合作建造一个户外的泥巴厨房。

快照：本地的开端计划幼儿园

经过两年的持续变革，当儿童、家长和参访者走进这所开端计划幼儿园时，环境中关于STEM重要性的信息随处可见。虽然每个教室各不相同，但STEM以或显或隐的方式体现在整所幼儿园的环境中。例如，当一位教师与儿童一起研究道路和交通时，另一位教师和她们班的儿童正在研究树木。对道路和交通正在进行的研究很复杂，需要在一个相当大的区域中进行积木建构，还要用到工人玩偶、标志、设备和各种卡车。儿童把剪下来的三角形、圆形、正方形和长方形纸片粘在一起，制作出不同种类的卡车，在此过程中对图形也进行了探索。他们用到的资源包括海报、照片和童书。与此同时，对树木的研究则包括在沙水桌探索树的年轮、木屑和树皮，以及到附近大学校园中的自然小径散步，比较不同种类的树木，追踪树木随着时间推移发生的变化。以STEM为主题的童书以及望远镜、放大镜、磁铁和天平等工具，在所有教室里都很容易找到。虽然他们的研究是作为指定课程的一部分来实施的，但拓展性的探究则是由教师或儿童的问题和兴趣生成的。

正如该园园长所言，"教师把重点放在儿童的经验上。"他们重视多样化的视角，只要有可能，就会用儿童的问题来推动这些超出指定课程范围的拓展性探究。在分享她对季节变化研究进行的观察时，她指出，一些来自其他国家的儿童从未见过会变色的树，也从未摸过雪，所以班级的教师邀请他们分享自己所熟悉的环境和生态系统。这引发了全班儿童的探索：除了树，还有什么东西可能在那里生活和生长？这样的对比可以激发儿童的批判性思维，同时建立集体共享的知识体系。母语非英语的儿童（在教师和同伴的帮助下）正在向他们的新朋友解释，他们班现在观察到的和访问他们的祖国时可能会看到的有什么区别。这些讨论使儿童能够交流彼此对生物（植物和动物）和季节性变化（树叶变化和下雪）等丰富内容的相关经验。

📷 快照：安克雷奇公园幼儿园

创设小型的、私密的"私人"空间，传达了安克雷奇公园幼儿园的理念，即相信儿童在独自或与他人一起放松时，具备想象、反思、发问和沟通的能力。他们用有趣的布料和图案、透明的窗帘、风铃及图书创设了诱人的时间和空间，让这些好奇的小脑瓜可以在这里尽情地思考！

为了确保本园的儿童、家长和教师能看到新理念所传达的信息和价值观，该园的团队用了整整一个专业发展周，清空了园里所有的家具和材料。他们仔细审视每件物品，扪心自问："它能怎样体现我们的理念？它是必要的吗？它是否反映了我们所设想的包容性、高质量的课程？它对于培养社会能力和归属感的环境是否有所贡献？它能否促进探究式学习？它能否创设小的学习空间，供儿童进行对话和互动？"经过遴选，有的物品回到了重新设计后的环境中，有的则被捐赠给家庭或其他机构。

过去几年间，安克雷奇公园幼儿园已经发展成许多人（包括本书作者！）慕名来访的地方，大家都想了解在如此具有启发性的奇妙环境中蕴含着哪些学习机会。想要捕捉到这所幼儿园中的每一处惊奇、美丽和挑战，几乎是不可能的。在鲜花、芳草和蔬菜的环绕下，儿童穿过一座小木桥，进入一个神秘、放松、私密的户外空间，里面有地毯、抱枕、遮阳伞、风铃、植物和一筐筐的图书。从这个舒适、隐蔽之地出发，沿着一条上升的木制坡道，穿过高大的植物，就进入了户外的开放性材料区。在这里，小梯子、金属曲柄和管子、大号和中号木轴、储存在不同大小的陶罐中的杂物、轮胎和木托盘，全都放在铺了橡胶地垫的地面上。儿童的想象天马行空，做出了各种各样的创新！小小工程师们用这些材料设计并制作了五花八门的装置。儿童可以在户外和室内之间自由穿梭，探索STEM的机会似乎无穷无尽：从缝纫桌（有针、线、塑料吸管、麻布、串珠和丝带）的设计和创作，到弗兰克·劳埃德·赖特（Frank Lloyd Wright）[①]建筑中心（有关于

[①] 弗兰克·劳埃德·赖特是美国最伟大的建筑师之一，著名建筑学派"田园学派"的代表性人物，提出了崇尚自然的建筑观。——译者注

这位建筑师的图书、量角器、彩色铅笔、带夹写字板和各种积木）的计划和搭建，再到用托盘里的开放性材料（从纽扣和鹅卵石，到羽毛和小松果）探索模式。还有，我是不是还没提到大型的户外泥巴区？儿童在那里用装有色水的瓶子做实验，用成套的量杯和炊具搅拌、做"汤"，或者用翻斗车、水桶和铲子挖掘工地。

这所幼儿园的环境向来访者传达的信息和价值观响亮而明确：所有的儿童都是有能力的（因此可以在教师的支持下学习缝纫，或用大大的轮胎安全地进行搭建）；所有的儿童都有权利参与探究（因此可以从事园艺工作或玩泥巴）；所有的儿童都有权利在一个神奇的环境中探索和求知；所有的儿童都应该有机会沟通他们的想法和观点，与他人合作制订计划，批判性地思考他们周围世界的丰富内容，在包括户外空间和小型私密空间在内的环境中冒险并解决问题，从而增强他们的自信。或者，正如该园园长所说的那样，"在每个角落，他们都会带着好奇心全方位地探索！"

第三章

对时间的运用

> 环境是一个不断变化的系统。它不仅仅是物理空间，还包括时间的安排。
>
> ——莱拉·甘第尼（Lella Gandini），引自《儿童的一百种语言（第3版）》

为了让儿童充分参与游戏性探究和项目式STEM学习，更有利的安排是提供一整天不被打断的大段时间，有时则是连续几天甚至几周的时间。正如《与幼儿一起学习STEM》（*STEM Learning with Young Children*）一书中所说，"儿童的探究需要日程安排的支持，要给儿童充足的时间去接触材料……足够长的时间去拓展探索、调查和实验。"（Counsell et al.，2016）

例如，儿童在认识和品尝了不同种类的食物（水果、蔬菜、面包/谷物等）之后，表示有兴趣建立一个班级菜园，就像阿门幼儿园所做的那样。这里有大量的STEM概念可以去探索，有丰富的词汇可以去掌握。围绕园艺进行的STEM学习可能是令人惊叹的，但显然需要在好几周内花费大量的时间。这样的学习可能会从儿童和教师的问题开始，包括：

- 植物的生长需要什么？
- 把菜园安排在哪里，才能让植物茁壮成长？
- 我们可以在花盆或容器中种植植物吗？
- 我们需要什么工具？
- 哪些图书、视频和专家会是有用的资源？
- 我们的幼儿园附近是否有菜园，可以去参观和探索？
- 如果我们没有地方种菜怎么办？

以瑞吉欧的方式共同研究这些问题、运用已有资源收集有关种植和照料菜园的信息后，我们就需要制订一个计划，确定我们需要哪些材料（土壤、种子、幼苗、木桩）和园艺工具（耙子、挖掘工具、洒水壶、水管），并考虑如何获得这些物品（从别人的菜园借，或从当地农场获得捐赠）。也许家长会借给我们种植用的工具或容器，志愿者会帮助我们翻地、开辟菜园或者建造苗圃。准备好场地或容器以及必要的材料和工具之后，就可以开始播种和育苗了，还需要用英语（或许还有其他语言）为每一类种子或幼苗制作标签。紧接着是照料菜园，其中涉及许多任务，包括为植物浇水、除草、留心益虫与害虫，以及观察每个生长阶段。在我们的园艺学习过程中，会有许多奇妙的观察、问题、变化和令人兴奋的学习时刻，我们会用计划、方案、图画、列表、照片或视频来记录这些问题、评论、惊喜和新知。通过对植物的生长（或衰老）进行观察、拍照、记录和测量，我们可以了解植物、蚯蚓和昆虫的生命周期，阳光、土壤和水的重要性，植物的组成部分，天气对植物生长的影响，以及如何堆肥。最后，如果有足够的耐心和一点点运气，菜园就可以获得丰收，我们就可以享受品鉴会，并与家长分享我们STEM学习过程的记录。在这一过程中，我们还会学习营养膳食和有机饮食，并渗透关爱地球和所有生物的重要性；6C能力也会得到发展——我们会就菜园设计和所用工具进行沟通与合作，讨论有关植物生命周期的丰富知识，创造性地进行记录，并在使用工具和关爱生命方面建立自信。

当然，许多幼儿园没有地方开辟菜园来进行种植。但是，只要有一点想象力和探索，还是可以提供宝贵的STEM学习机会的，比如在容器里种菜，到社区菜园或家庭菜园参观学习，或者参观有植物和季节性变化的公园或公共空间。在我去瑞吉欧·艾米利亚的一次访学中，我们参观了一个城市社区种植园，那里老幼咸宜，可以欣赏和观察蔬菜、水果或花卉的生命周期，同时还可以畅叙友情。在社区种植园和老年活动中心旁边的旧篮球场上，我们享受了露天聚餐，一起开心地吃饭、唱歌和跳舞。

尽管园艺学习或类似的探究活动能够激发儿童的好奇心、求知欲并促进重要的STEM学习，但我接触过的美国各地的幼儿教育工作者却不情愿地承认，他们的幼儿园一般都有严格的日程安排，为儿童留出灵活的时间参与这种拓展性的STEM探究太难了。他们表达了自己的挫折感，抱怨说一天中没有足够的时间进行拓展性的学习，或者他们的管理者和课程目标不允许有这样的灵活时间。他们的每一天都被日复一日的"要求"占据了。从家长送孩子入园开始，教师需要热情接待家长签到，然后监督孩子把外套、手套、鞋子、帽子和书包放好。安顿好以后，教师就要平衡自由游戏时间、区域时间、晨圈时间、朗读时间、户外游戏时间、洗手和点心时间，还要在一日活动结束时进行整理、打扫，并拥抱和告别。（这当然还不包括紧急演习、客人来访、儿童生病，以及活动计划和准备！）全日制幼儿园还需要安排午餐、刷牙和午睡时间。在某些环节的间隙，教师还要尽量挤时间进行非正式的或规定的评估。我们大多数人都同意，一所运转顺畅的幼儿园需要结构化和时间管理，儿童也需要知道接下来要做什么。因此，我认识的许多教师都认为，为游戏性的 STEM 学习找到灵活的或大段的时间不现实，不可行，也得不到管理者的支持。尽管这种理念上的变化可能有价值、有好处，但如果它看起来不可行，他们也就很难欣然接受。

鉴于难以找到灵活的时间来进行长期的 STEM 学习，大家讨论了他们的课程目标，并思考除了像平时那样紧凑的日程安排，有没有其他方式同样可以达到这些目标，从而为游戏性的 STEM 探究创造更灵活的时间安排。在这个讨论中，教师们最常提到的必须达到的发展目标和课程目标有：社会性与情感、倾听、自我服务和自我调节、精细动作和粗大动作、语言理解与表达、早期读写和早期数学。然后，我们思考这些目标是否可以通过探究式 STEM 学习至少部分地实现（甚至可能实现得更充分），而非总是依赖有组织的区域活动、晨圈时间和自由游戏。教师们开始意识到，STEM探究和项目式学习往往是跨学科的，因此，常规日程安排对应的目标也是可以通过STEM学习来实现的。

在访问波士顿的一所半日制幼儿园时，我看到了上述讨论的内容被付诸实践。在那里，教室外繁忙的街道上有很多嘈杂的工地正在施工。许多儿童在入园或通过教室窗户向外观察时，都兴奋地谈论起外面的施工情况。儿童看到和听到的东西太多了：有腰系工具带、头戴黄帽子、身穿马甲的工人在互相指挥，还有各种标志、黄色警示带、锥形筒、大型机械、手推车、地上的大坑、成堆的建材、大量的工具。教师从儿童的兴奋点切入，开始了全班对建筑项目的研究。先由儿童列出他们观察到的内容以及他们的问题，然后他们一起阅读了一系列关于城市、交通、建筑、各类工人、标志、工具和机械的童书（有非虚构类的也有虚构类的），并观察了建筑蓝图和地图——这些都是早期读写（和STEM）的学习机会，能够促进儿童背景知识和词汇的发展。在各种天气情况下，他们都经常在户外短途散步，持续记录建筑工地的进展，把他们的笔记和数据带回教室进行分析。整个过程中，教师和儿童一直都在记录他们在户外或室内的学习，包括：他们自己正在教室里进行的积木搭建，还用到了卡车、手写的标志和各种工人玩偶；关于建筑工地和积木搭建的绘图日志和标签；工人使用工具与设备的照片和视频。通过这种跨学科整合的项目式学习，儿童不仅发展了6C能力，还在社会性与情感、倾听、自我服务和自我调节、语言理解与表达、早期读写和早期数学等方面获得了发展，而这些都是参与"幼儿园 STEM 教学"课程的幼儿教师所描述的关键发展目标和技能。儿童之所以能够参与这种真实的 STEM / 跨学科探究，是因为班上的教师以打破常规的方式灵活地运用时间，既为他们的探究留出时间又达到了课程规定的目标，而不是每天都非常严格地遵守日程安排表。

为 STEM 学习提供大段的时间虽然很难，但也能让不同类型的学习者都从中受益。德阿门特等（De Arment et al., 2016）描述了"时间环境……时间表和日程安排，以及活动的节奏和顺序"的重要性。他们特别强调，要创造一个支持所有学习者的环境，包括需要更多时间的儿童以及需要不同时间安排的儿童。有些儿童需要放慢节奏，需要在学习开始之前有更多机会进行练习。试想，使用木质积木进行搭建所需的 STEM 技能有：认识不同积木的特征（大小、颜色、形状、长短、宽窄、轻重），学习模式（识别、复制、拓展、创造模式），进行估算（要完成这栋建筑或这座公路桥还需要多少块积木），并初步了解平衡和重力。同时，儿童还要运用 6C 能力，并学着像成人科学家和工程师那样工作（设计、测试、修正、犯错、应对挫折、保持耐心）。对于另一些儿童（特别是有大量前期经验的儿童）来说，这些技能的学习大部分都是快速发生的，无须特意安排顺序或进行大量练习。对他们来说，如果几乎不需要教师的干预和指导，那么更为简短和紧凑的时间安排也是可以接受的。但是，能力较弱或背景知识有限的儿童则需要循序渐进地学习，有更充分的时间来探索和练习，也需要教师花时间进行示范和直接干预。

园艺学习需要耗费大量的时间，还需要与儿童、志愿者一起精心策划，但 STEM 学习机会有时也来自计划之外或偶发的教育契机。例如，如果儿童读完李奥尼（Leonni, 2017）的《小蓝和小黄》（*Little Blue and Little Yellow*）后对颜色的组合产生了好奇，教师就可以灵活安排活动日程，让儿童能够自发地用水彩或食用色素进行实验。或者，如果儿童在阅读肖（Shaw, 2014）的《看起来像打翻的牛奶》（*It Looked Like Spilt Milk*）时提出了关于云的问题，教师就可以腾出时间带他们到户外去观察云的形状。这类偶发的活动可能会引发儿童对天气或水循环更深入的探究。

在开展"幼儿园 STEM 教学"课程期间，对于怎样找到大段的时间，我和班上的学员一起集思广益。学员们分享了他们试验过的创造性的解决方案。例如，一位学员分享了她是如何找到时间开展长期的园艺学习的。她选择把有关园艺和植物的图书带到户外，在儿童开始当天的园艺活动时读，而不是在每天的晨圈时间和一日活动结束时读。这样就把图书和 STEM 活动联系起来，而取消两次单独的阅读活动也为园艺学习腾出了更多时间。那些能够很好地应对新任务的儿童，由配班教师和家长志愿者负责；她则负责面对那些需要循序渐进地指导和练习的儿童。这些解决方案虽然并没有创造出特别多的灵活时间，却解放了教师自己和儿童，使每个人都有了更多宝贵的时间进行对自身有意义的园艺学习。

自我评估检核表

√ 你能以不同以往的方式开始你的一天吗？比如，儿童到达教室后立即继续进行前一天开始的项目，而不是进入晨圈时间或区域活动时间？或者，儿童来园时，对一个具有挑战性的或令人疑惑的事物产生好奇，由此引发讨论和提问，并在本周进行深入的研究？你会如何为这些探究调整你们班的日程表呢？

√ 在你们班的日程表中，哪些活动或常规是真正必要的？如果你砍掉一些内容，或削减其时间或频次，会发生什么？你需要每天在固定的时间段进行单独的朗读活动，还是可以将其融入STEM学习？

√ 哪些每天都有的活动是可以调整的"旧脚本"，能为"新脚本"留出灵活的时间？例如，能否把一个星期的户外游戏时间用来进行户外的STEM学习？

√ 你是否能抓住教育契机，及时进行随机教育，以回应儿童迫切而好奇的提问？回顾本章提到的例子，你会怎样调整本班的日程表，来回应儿童关于颜色或云的问题？

√ 你能否以更高效的方式来结束一天的工作？也许志愿者可以协助收拾整理，给家长发通知，或帮助儿童收拾他们的物品，从而腾出一点时间。

√ 一天中的哪些时间最适合儿童参与STEM活动？一天中的哪些时间最适合进行户外STEM活动？

- √ 你是否能以其他方式处理各种事务性工作，而不占用教学时间？你能利用信息技术来节省时间吗？怎样更有效地使用应用程序、班级/园所网站、家长公告栏或通讯，从而在每天开始和结束的环节省下几分钟时间？
- √ 你是否有办法为针对某个主题进行小组探究的儿童提供更多的时间？例如，能否让对光影探究感兴趣的儿童和你一起继续探究，而其他儿童则继续和配班教师或志愿者一起完成常规的课程安排（或者相反）？
- √ 你会如何与同事合作，创造一个更灵活的日程表？你们可以进行协作教学吗？能否你们中的一位支持一个项目，而另一位支持另一个项目？也许你带的小组想研究身体的运作与锻炼，而你同事带的小组则对发现和记录自然与建筑中的模式感兴趣。

明天要尝试的一件事

快速浏览一下你们班的日程表。不做评判，记住这里没有评分、没有对错，你的身边也没有评审员。先放松下来，闭上眼睛，给自己一点时间去展开想象。想一想，在你的理想世界里，你希望你的一天和儿童的一天是什么样子的？你想做出更灵活的时间安排来进行激动人心的 STEM 学习吗？你想让儿童有时间运用他们的感官去注意、好奇、享受周围的世界吗？你认为儿童的时间应该或可以怎样度过——即使不是每天，至少也是在某些特定的日子里？想一想，如果你明天尝试着对日程表做了一点小的调整，会发生什么？在哪件事情上，你的做法可以略有不同或稍加变通？如果你通常每天都坚持相同的日程安排，那么哪些事情可以取消，哪些事情可以缩短时间？在某几天或某几周，户外游戏时间是否可以用于户外探究？是否有一些 STEM 项目，是你很想做但从来没有时间去做的？什么会让你感到兴奋？你喜欢的 STEM 概念也许与音乐相关（音量、节奏、振动、跳舞、唱歌），也许与烹饪相关（阅读食谱、测量并混合各种食材、烹饪、冷冻或烘焙，当然还有品尝），也许与用开放性材料进行创造性建构和发明相关（宝石、生物及其栖息地、精巧复杂的图案、一种新工具）。或者，也许你已经听到过一名儿童热切地提出关于反射的问题，而当时却没有时间让他用镜子进行探究。如果你明天为自己或儿童的兴趣而感到兴奋，你的好奇心、求知欲和热情就会感染周围的人！

　　开始行动吧！——试着在明天（或整个星期！）对日程表略做调整，为游戏性、探究式的 STEM 学习找到一点灵活的时间。请记住，与志同道合的同事一起工作可以相互支持，也可以让你们俩都找到更多灵活的时间。你们甚至可以尝试一些合作性的 STEM 探究，找时间一起工作，同时还可以示范 6C 能力。瑞吉欧的教育工作者会优先安排定期的专业合作，共同制订探究计划并探寻实现的方法。为游戏性、探究式的 STEM 学习创造灵活的时间安排，需要承担一点风险，跳出思维定式，哪怕是很小的一步。

📷 快照：伊丽莎白·阿门幼儿园

在留给生命科学研究的整段时间里，阿门幼儿园的儿童探索了惠顿学院里的自然小径

儿童走入这所幼儿园的某个教室后，不是马上进入区域时间或晨圈时间，而是立即被邀请去探索有趣且神秘的新材料，例如一个水泵的塑料模型。它和户外厨房新添的那个真实的（非常沉重的）水泵很相似。教师鼓励儿童以探究水泵开启一天的活动，就水泵的质地、设计、材料、用途、操作方式以及如何将其融入正在建设中的户外教室，提出相关的问题。儿童的一天从探索开始，哪怕只进行了几分钟，否则这段时间也会被归入区域时间或晨圈时间。随后，大学生或

家长志愿者协助巡视区域和儿童的游戏，教师则和一小群感兴趣的儿童继续对水泵进行探索（或进行其他探究）。阿门幼儿园的儿童很幸运，可以很方便地进入大学校园的自然区域。在池塘边观察水的涟漪或吵闹的大鹅，或在树林中的自然小径上散步，这些都让他们有充裕的时间来萌发研究周围生态系统中的植物和动物的兴趣。当然，参观池塘或漫步自然小径意味着教师已经决定舍弃日程表中的某些活动，以便让 STEM 探究得以实现。这些取舍反映了教师的价值观和他们想要传达的信息。

园长指出，对于创设更具探究性的 STEM 户外学习环境，教师们需要时间来逐渐适应。正如她所说："教师们对室内教室很熟悉，也很适应。然而，要找到足够的时间，有效地学习如何精心而灵活地运用新的户外教室、池塘、苹果园或树林进行 STEM 学习，这是颇有挑战性的。"虽然新的户外教室、池塘、苹果园和树林能促进探究，但它们也需要教师以不同以往的方式重新思考日程表。儿童的往返需要时间，水桶、网子、锅碗瓢盆、园艺工具、雨靴以及其他工具的拿取和放回也需要时间。因此，教师不仅需要灵活地、创造性地利用时间，还需要加强自己的专业技能，提高常规活动的效率。

2020 年秋天，疫情仍在肆虐，幼儿园谨慎地重新开放。在这样的情况下，教师们不得不更加灵活地利用时间。园长要求教师们为户外教室、树林、池塘和苹果园（在恶劣天气情况下则在室内）设计全天的活动。教师们在挑战中成长，还熟悉了更多的户外资源。在这种调整后的时间安排下，许多有趣的 STEM 学习活动可以在这些环境中生根发芽、茁壮成长。

📷 快照：本地的开端计划幼儿园

联邦政府为开端计划幼儿园指定的课程倡导按结构化的时间表循序渐进地开展学习。每个学习单元包含一系列的课，供教师在本班实施。教师们认同按顺序学习很重要，同时认为更具游戏性的探索也很有价值，但他们却很难为后者找到灵活的时间。为了平衡结构化的课程和更具游戏性的探索，教师们以各种方式对日程表进行了调整。例如，他们会定期带几个小组的儿童进行课程要求的 STEM 学习，同时给其他小组的儿童提供一系列与主题相关的选项，供他们进行独立探究。这些小组会进行轮换，这样每名儿童都能从两种经验中受益：既能跟随教师学习更结构化的课程，又能参与更开放的探索。在研究树木的过程中，教师带一个小组的儿童开会讨论时，其他组的儿童可以选择制作树皮的拓片或处理树的木屑。惠顿学院的大学生们经常作为志愿者，巡视儿童的游戏性探索，倾听并记录他们的评论和问题。当一位教师带着儿童阅读一本关于交通的书时，其他儿童正在用积木为他们的小汽车、卡车、公交车或飞机建造道路、桥梁或机场。这些活动也让儿童有机会合作进行创造性的建筑设计，从而发展 6C 能力。

开端计划幼儿园的教师将树枝带入教室，作为树木研究中的一个新挑战。这些自然材料不需要花钱，在教师提供更多开放式、游戏性探索时间的情况下，它们可以支持儿童对树木的动手操作和感官体验

开端计划幼儿园的教师信任儿童的能力，允许儿童（在监督之下）练习用锤子将钉子敲入木制工作台。接下来，在研究树木的过程中，儿童把钉子钉在剥下树皮的光滑树枝的末端，还试着用磁铁探测嵌入树枝的钉子

邀请"专家"参与主题研究是另一个有效的策略。这需要舍弃当天的某些活动，也可以请专家只带一小群感兴趣的儿童进行探究，而其他儿童则继续他们的常规日程。园长鼓励她的教师："要有创意！你能找到人！你也能找到时间！"例如，当儿童在研究服装主题（下

一个研究主题是身体运作和锻炼）时，园长变身为"专家"，用她的空手道装束和踢腿动作给儿童带来了惊喜，同时强化了他们对两个主题的学习。虽然调整日程表、为"专家"腾出时间并不能创造持续几天甚至几周的深入而复杂的探究机会，但它能深化儿童对主题的讨论，并传达出教师对提供更多灵活时间的重视。步行到附近的消防局、警察局、图书馆和大学校园进行实地考察，也可以启动或拓展主题研究。这些实地考察意味着教师愿意为拓展 STEM 学习而"背离"常规的日程表。请儿童把种子种在花盆里，带回家和家人一起照顾它们，能让他们有更多时间进行自己的个性化探究。可以鼓励他们把自己种的植物带回教室，或展示相关的照片或图画，与全班分享自己的成果。通过创造性地扩展这些主题研究的时间，教师也在分享尊重生命与自然、可持续发展的价值观。

开端计划幼儿园这些忙碌的教师既要严格遵循联邦制定的各项准则，还要竭力为急需的 STEM 专业发展寻找充足的时间。他们在 Teaching Strategies 开发的 GOLD Documentation 应用程序中，找到了各种在线的 STEM 课程资源，包括与特定主题研究相关的童书、歌曲、照片、关键词等。这一资源在建立背景知识、搜索活动创意、制订计划和准备材料等方面，为他们节约了工作时间。

📷 快照：安克雷奇公园幼儿园

该园园长认为，对时间的运用既是一个理念问题，也是一个领导问题。她说："花时间与儿童建立良好关系，至关重要……对时间的运用，关系到儿童如何看待我们。也就是说，如果儿童需要你花时间提供帮助、支持、建议或赞赏，他们就有权得到这个时间。还有什么比这更重要呢？"时间至关重要的一个方面，就是"识别、回应并捕捉那些赞赏儿童的好奇心、兴奋和学习成果的时刻"。当然，任何一个幼儿教育机构都有自己的界限、常规和目标，但是她强烈主张："如果儿童的时间不是宝贵的，那还要我们做甚？"

在她的幼儿园里，每天的日程表中没有（类似开端计划幼儿园那种）强制性的内容，给予儿童所需的时间是"对他们的尊重"。她解释说，她的幼儿园有一个流动的茶点时间（美国称之为点心时间）。她觉得，如果儿童刚好在茶点时间饿了，那很好；但是，如果他们是饿着肚子来园的，或者在茶点时间之后感到饿了，"凭什么要他们等到两个小时后再吃东西？这是儿童的基本权利。"

适应在园儿童群体特点的变化，也需要以灵活的心态看待时间。例如，有一段时间内，在园的 3 岁儿童比 4 岁和 5 岁的多，"他们的大脑和身体活动都不习惯受到约束，必须考虑面对这个更年幼的群体该如何安排我们的时间。"她指出,随着儿童的成长,他们会逐渐适应园里的各种约束。她还谈到了有特殊需要的儿童。"尊重他们是我们的责任,我们会相应地调整课程和时间的安排。"

第四章

对空间的运用

> 谈到空间,瑞吉欧·艾米利亚的教育工作者认为它是支持社会互动、探索和学习的"容器",但它本身也有教育的"内容"。
>
> ——莱拉·甘第尼转述提茨安娜·费列皮尼的观察,引自《儿童的一百种语言(第3版)》

在《儿童的一百种语言(第3版)》中,甘第尼描述了有意设计的空间,或者是她所说的"容器"——一个容纳成人和儿童共同参与学习的实验室。教育工作者在设计这个具有教育性的容器时,要确保它能反映自己的信息和价值观(如第二章所讨论的)。一个非常重要的价值观是创造"关系空间"。在关系空间里,教师会培育儿童与成人沟通、合作的包容性文化,让所有的儿童都能获得游戏性的学习机会。这样的空间尊重不同性别、种族、民族、宗教和母语的儿童,同时也重视通用性设计,能让所有儿童都获得学习经验。有些儿童需要一些便利条件,如高对比度的直观教具、坡道、膝上托盘、触摸屏、座椅装置，或助行车和轮椅可以通行的加宽通道。此外，所有儿童都需要且有权获得多感官的学习机会、多种表达的方式以及各种展示自己知识的机会。这种包容性文化重视所有儿童对空间做出的贡献。

儿童和成人的关系会随着他们践行认真倾听、表达自身想法并尊重不同观点而发展，这些都对 STEM 学习很重要。例如，对声音的探究可能始于讨论儿童最喜欢的歌曲或他们使用各种乐器的经验。儿童讨论他们的喜好时，教师会认真倾听，从中捕捉可以推动进一步研究的教育契机。这种精心设计的关系空间很像 STEM 专业人员（如医学研究人员或工程师）开展工作的环境：团队合作，沟通并分享不同角度的见解。正如斯泰茜（Stacey，2019）在《幼儿园探究性环境创设》一书中所说："我们可以把它看作一个空间，吸引我们走向新的方向；也可以把它看作一个场所，在这里可以建立关系、做出决定并形成特定的文化（存在方式）。"这种关系空间传达了合作能力、沟通能力、创造力、批判性思维、知识储备和自信的重要性。

对空间的设计和运用也反映了瑞吉欧的教师对儿童能力的尊重。例如，他们会精心挑选材料，以吸引人的方式放置在空间里，以此来激发儿童的好奇心和求知欲、困惑和惊喜。精心选择的材料能引发 STEM 探究。新奇和诱人的材料能吸引儿童运用感官探索其质地、轻重和形状等特性，并促进儿童创造力的发展。材料有自然的也有机器制造的，放在室内或户外，以激发儿童的想象力、支持 STEM 探究的开展。其中的一些物品和材料也让许多美国幼儿教师感到惊讶，有时甚至是担心，他们担心的是使用安全问题。瑞吉欧的教师一开始会对儿童进行指导，随后通常会信任他们能够负责任地使用锋利的工具或易碎物品。例如，在经典视频《为狮子画像》（*To Make a Portrait of a Lion*）（Malaguzzi，1987/2015）中，瑞吉欧的儿童利用户外广场空间，触摸、攀爬、拍摄并测量狮子雕像及其影子。然后，他们在室内空间继续拓展对狮子的研究。他们使用尖锐的艺术工具，为精致的泥塑狮子添加细节。几乎每次我给幼儿教师看这段视频时，都能从他们惊恐的表情和评论中看出他们的担忧，即这些工具对年幼儿童来说是不安全的或不具备发展适宜性的（更不用提爬上比他们高得多的狮子雕像了）。但在瑞吉欧的教育工作者看来，以适当的方式进行介绍后，年幼儿童也是有能力使用这些艺术工具和材料的。

瑞吉欧式的空间会精心挑选家具以支持儿童的学习。在我访学的过程中，我观察了这些家具的各种特性，包括舒适性、耐用性、重量以及悦目的颜色。家具的选择也要考虑到便于重新布置，以适用于小组工作所需的空间和小组人数发生变化的情况，以及适用于使用轮椅、助行器或其他适应性设备的儿童。易于移动的家具使儿童可以把他们的椅子推到一起进行更亲密的讨论和工作，或者排排坐进行全班分享。可移动的家具可以为大型的拓展性探究（例如运用积木进行搭建，或在一系列斜坡上用球和玩具车开展实验）创造临时的开放空间，使这些项目可以从简单的短期活动演变成更复杂且更有挑战性、能持续数天甚至数周的探究。在美国的幼儿园教室里，这样的探究往往被缩短，也不会有专门的区域（或时间）进行拓展性且深入的研究、反思和记录，因为有限的空间还得用于开展其他活动。最常见的情况是，在一日活动结束时，儿童需要拆掉他们的建构作品并把材料收起来。甘第尼指出，为了促进探究，与时间类似，空间也需要灵活性和适应性。

遗憾的是，我接触到的幼儿教师常常因为他们园所的空间有限而感到灰心和沮丧。美国的幼儿园开设在各种各样的环境中，包括教堂的地下室、购物广场、大型托育中心及其连锁机构、家庭住宅、开端计划机构、大学、公立学校和公司。美国的许多幼儿园都坐落在不灵活、不适宜的"旧容器"里。例如，我曾在两个幼儿教育机构中工作多年，其中一个设在一所旧高中的翼楼，另一个设在从前的中学家政教室，这两个空间都不是为幼儿园儿童的学习设计的，其中的部分家具还是其他闲置的教室剩下的。

杂乱无章也是许多美国幼儿园教室的一个标志。好心的幼儿教师们（包括我自己！）钟爱旧货市场，在那里我们可以淘到很多物美价廉的材料，觉得将来某个时候终究会用到它。我们也因热衷于接收家人或朋友丢弃的童书、游戏和艺术用品而闻名。我们总是锲而不舍地重复使用和回收可能会用到的学习材料，最终往往只能把它们堆在教室的窗台和柜子上、摆满架子或塞进储藏室（如果我们真的有储藏室的话）。这些材料往往无人问津，因为它们被埋在其他材料下面，无论成人还是儿童都接触不到。面对这样的问题，教师可以根据他们想要传达的信息和价值观来重新审视本班的空间，开始有意识地遴选材料并重新组织，将所选的材料以儿童和成人都感到更加愉悦的方式有条理地进行存储。这样一来，腾出的宝贵空间可以用来摆放照片展板或成套的贝壳、串珠和鹅卵石，也可以用作鸟类研究的观察站。赏心悦目的筐子和木盒能够使材料更有条理、便于取放、容易看到。将材料放到贴有标签的透明箱子里，则更容易取用，也尊重了儿童拿取和归还探究所用材料或工具的能力。

为了创造更灵活的空间，瑞吉欧的教师会将园所周围的户外区域都纳入考虑，包括园所紧邻的户外区域、附近的街区以及范围更大的社区（无论是城市、郊区还是农村）。例如，城里的儿童可以在人行道、门窗、栅栏和栏杆上寻找建筑图案，然后在户外画架上画出观察到的图案，用积木和石头建造人行道或院墙，或者拍摄数码照片，以此来记录他们的观察结果。所在地区更接近农村的儿童，可以沿着小路穿过田野，把收集的宝贝摊在毯子上，进行欣赏、讨论、分类、识别、比较和记录，并最终在班级博物馆中展出。郊区的儿童可以在园所或社区的菜园里播种，照料植物，除草，蔬菜长成后进行采摘，观察蚯蚓、蜜蜂和蝴蝶，并观察蔬菜是如何枯萎的，用数码照片、图画和故事来记录他们的探究。他们周围的世界都变成了学习的空间。

在与来自各种机构的幼儿教师交流的过程中，我观察到他们经常会找到创造性的解决方案来扩展有限的室内教室空间，特别是针对需要有足够的空间让儿童以小组的形式用大量材料持续好几天的STEM探究活动。有些教师会仔细审视班里的家具，明确哪些是有用的、哪些是没用的。阿门幼儿园的志愿者们在每个教室里都建造了阁楼，用于小组合作或反思。有的教师则与同事结伴合作，共享两个教室。重新设想班级的环境时，他们需要就优先事项、价值观和信息达成一致，正如第二章所讨论的那样。通过合作，他们可以协商哪些是至关重要的，哪些运用空间的方式可以被认为是"旧脚本"，已不能反映他们不断发展的理念。也许他们会达成一致，一个教室采用传统的区域更为静态的布置方式，而另一个教室的布置则支持更为动态的、开放性的探究。有的教师还分享了他们如何协调室内空间的使用，包括建筑内的楼梯间（至少在某些时候）、走廊、不经常使用的办公空间，以及偶尔使用的公共空间。事实上，我参观过的一所瑞吉欧幼儿园把此前落满灰尘的闲置阁楼空间改造成了一个富有生命力的邻里博物馆，用来展示由家庭发现和捐赠的珍贵工艺品。

瑞吉欧的教育工作者重视室内空间与户外空间的整合。儿童可以在室内透过窗户研究喂鸟器旁的鸟儿或观察天气的变化规律，户外的自然物品也可以被带入室内进行观察和研究。相比之下，户外被视为拓展性的学习空间，特别是启发儿童对植物和动物的生命周期、水的循环、云的形成、风、物态（如水冻成的冰柱和雪的融化）等主题进行 STEM 探究。然而，尽管教师有很高的期望，但美国许多幼儿园能够提供的户外学习空间选择却很有限。例如，我辅导的一所城市中心区幼儿园每天早上都要清理操场上不卫生的甚至是危险的碎片，这些碎片是夜间闯入那里闲逛的成人留下的。富有创造力的教师（包括快照专栏中介绍的那些教师）分享了他们创造拓展性的户外学习空间的很多策略。在接送儿童的时段之外，停车场（有锥形筒等安全设施）可以用于探究影子。有些幼儿教师则通过定期组织小组或全班的散步活动来扩展学习空间，到附近的树林、池塘、公园、大学或公共场所，研究建筑、树木或交通工具的类型。组织这些活动很耗时，也需要周密的计划，但通过与同事、家长、志愿者或大学生的合作，一般来说是可行的。创设户外学习空间还意味着为所有儿童的成功体验做好计划并提供便利，包括那些需要轮椅、助行器、一对一行为监护以及视觉或听觉支持的特殊儿童。

运用户外空间支持游戏性的 STEM 探究，可以培养儿童对周围世界和生命网络的欣赏，从而体现教师的价值观。对青蛙、乌龟、鱼、蚯蚓、蜜蜂、蜘蛛网、溪流、野花、树枝、松果和树叶进行观察与记录，可以让儿童体验、感受和品味惊奇。瑞吉欧的教师热衷于谈论儿童的权利，我想说的是，感受惊奇也是儿童的权利。能让儿童感受惊奇的室内外空间，会不断发展他们对于关爱地球的认识和责任感。

> **自我评估检核表**
>
> √ 想一想，对室内外空间进行录像和反思，或通过录像记录空间的变化，会有什么样的价值？
>
> √ 你们班的空间所提供的学习机会在复杂程度上是否有层次性，既适合那些需要更多教师干预和练习的儿童，也适合那些准备好接受更多挑战的儿童？
>
> √ 你们班的空间是否过于凌乱？图书是否塞满了书架？各种材料是否堆积如山？储藏室是否也快装不下了？如果是这样，你准备怎样清理你们班的空间？哪些是你真正需要的？哪些可以送给同事或家长？你会怎样组织和收纳材料，以方便成人和儿童取用？

- √ 你会怎样设计本班的空间，使行动不便的儿童、使用轮椅或专门适应性设备的儿童有安全感、参与感和归属感？

- √ 你是否最大限度地利用了本班的空间？你是否考虑过，怎样让架子、家具、窗户和窗台、墙壁、地板、阁楼、私密空间、走廊和楼梯间的使用方式更加多样化？

- √ 你可以怎样与同事合作，从而更灵活地使用共享的空间？

- √ 你会怎样运用户外空间？你需要窗帘吗？你需要有色的窗户玻璃吗？你可以在哪里设立观察站，配备望远镜、记录材料（纸、笔、相机等）和非虚构类图书，供儿童研究鸟类、天气和季节变化等？

- √ 你们班的空间是否舒适？有没有柔软的、可移动的物品，可供儿童坐着或开展合作？有没有私密空间，可供儿童安静地进行反思？你会怎样使用阁楼或隔板？

- √ 要想让经常使用户外空间变得更容易，你需要哪些材料？你是否需要为每名儿童、你自己和志愿者/配班教师准备好雨鞋、雨伞、雨衣或手套？你是否准备好了水桶、带夹写字板、数码相机或平板电脑、放大镜、双筒望远镜、镊子、铲子、网子等 STEM 工具？你们是否需要大伞或防水布来遮阳、挡雨？

- √ 你会怎样最大限度地利用户外空间支持 STEM 学习，比如附近的小溪、鸟巢和喂鸟器、菜园、人行道上的影子游戏、水坑游戏、搭建桥梁、研究树木、泥巴厨房？

> ✓ 在你们班的空间里，你是否示范并强调了回收、节约和再利用的重要性？你是否示范了对自然环境的尊重和关爱自然环境的责任感？

明天要尝试的一件事

回顾你在阅读第二章后拍摄的视频。（这就是记录的力量：让你有机会进行回顾和反思！）如果你不想直面那段视频（或者没有读过第二章），现在就花几分钟时间，拿出你的手机或平板电脑，慢慢平移镜头，拍摄你们班的环境（包括室内和户外）。如果能和一位志同道合的、不带偏见的同事一起做这件事，那就更好了。（至少，你们可以分担痛苦，甚至还会有一些笑声！）记住，这不是一个测试。一起回放你拍摄的视频，扪心自问："我们班的环境能否为可能要持续几天或一周的游戏性 STEM 探究提供包容性的空间？"如果不能，不要放弃！问问自己和你的同事，你们可以从改变哪一件小事做起，来支持你在空间对游戏性、探究式 STEM 环境的重要性方面不断发展的理念。本书的众多目标之一，就是强调无成本或低成本的方法在促进游戏性 STEM 探究方面的可行性和有效性，所以我的意思不是让你照着上文提到的内容购置全新的材料或家具。你可以在幼儿园的建筑里走一走，观察一下：走廊可以利用起来吗？有没有闲置的办公室？楼梯间呢（我曾经看到瑞吉欧的儿童在那里开展涉及斜坡的项目）？再到户外走一走。观察一下，户外有没有地方可以开辟成菜园，或种植盆栽植物？有没有地方可以做户外厨房，也许可以从一张水桌和一些锅碗瓢盆开始？能否利用人行道或停车场探究影子，或用球和斜坡做实验？周边的社区怎么样，附近有什么是你可以利用的？当你去旧货市场购物或接受捐赠时，请始终记着你的理念。首先，记住这些杂乱的物品，但是要明智地选择！留意寻找对你们班的环境有用的桌椅，或者一些非虚构类的有关科学或自然的图书。也许你会发现能用于储存材料的透明箱子或筐子，或者可以放在教室外的走廊上的架子。好的旧货市场通常都会有贝壳、石头、球、弹珠、磁铁、玩具车和玩具人偶、积木、放大镜、镊子、管子、漏斗、布料、螺母、螺栓、螺钉以及各种开放性材料，你可以为本班的 STEM 空间精心地进行选择。

你那位志同道合、不带偏见的同事，是否愿意与你合作为 STEM 探究（以及其他有价值的项目）创造灵活的空间呢？考虑空间布置的问题很容易让人不知所措或感到沮丧，然后说："算了吧！"但是请你慢慢来，从小事做起，一步一步走向成功，再遥不可及的目标也会变得触手可及——更不用说这一路走来的满足感和成就感了。

📷 快照：伊丽莎白·阿门幼儿园

阿门幼儿园环境的改变不是一蹴而就的，而是循序渐进地进行的。它开始于前任园长和我作为一个研究小组的成员前往瑞吉欧·艾米利亚访学之后。前任园长深受她在瑞吉欧看到的幼儿教育环境的启发,于是开始与教师们一起采取小步递进的方式创设更有吸引力的学习环境。她的第一个项目是重新审视并改造幼儿园入口处的门厅(或者说在精神上反映了瑞吉欧·艾米利亚的一个小广场)。她邀请一位艺术系的大学生志愿者,画了一条贯穿整个门厅的、引人注目的常春藤,然后开始在门厅里布置儿童的作品。考虑到整合室内外空间的重要性,她要求每个教室中的巨大落地窗都使用有色玻璃,让儿童可以在不被阳光直射眼睛的情况下观察新安装的喂鸟器和天气的变化。她和教师们始终倡导基于儿童兴趣的、游戏性的生成课程,于是她们从与儿童和家长一起开辟户外菜园入手,开始强调探究式的STEM学习机会。

STEM学习机会被整合到整个室内外环境之中,以支持儿童主动地合作进行调查、发明、构建、研究和反思。根据新园长的说法,"幼儿园的空间考虑到了所有类型的儿童。有些儿童不愿意长时间坐着,有些儿童需要重复,有些儿童需要一个地方来平复情绪或重新结组。在幼儿园这个空间中创设环境时,尊重儿童是我们的出发点"。

园长讲的一个小故事,体现了新的户外空间对儿童6C能力发展和游戏性STEM问题解决的好处。在户外厨房里,儿童在想办法从水泵里打水、运到厨房,然后把水从沉重的水桶里倒出来。一个很少求助别人的小女孩,试图把水桶装满水并运到户外厨房。然而,经过反复尝试,她发现水桶太重了,无法独自完成。她不得不向朋友寻求帮助！他们一起把沉重的水桶拖到了厨房，而且整个过程中没有洒出太多的水。他们一起把水桶抬起来，让它倾斜，然后把水倒进水槽。成功了！正如园长所说："对这个小女孩来说，这是一件了不起的事情！"在这个户外空间里（在教师没有干预的情况下），教师们观察到这个小女孩运用了许多科学方法：努力解决一个问题，测试她的解决方案，遇到挫折后批判性地思考她的选择，与朋友沟通并合作解决这个问题。

📷 快照：本地的开端计划幼儿园

有了新增的温室空间，开端计划幼儿园的儿童能够种下他们的种子，照顾他们的幼苗，并观察植物的生长过程，开展对生命周期的研究

和美国的许多幼儿园一样，这所开端计划幼儿园的园长承认："空间对我们来说是一个挑战。幼儿园中每个教室都是不同的，每位教师也都有不同的风格。我们既要考虑空间中的感官刺激是否过多，又要担心这样做是否符合法规和消防规范。我们还需要考虑怎样组织材料才能应对有限的存储空间和教室之间的共享。"尽管存在这些共同的挑战，这位园长指出，经过两年的研究，"STEM并没有被忽视——它无处不在——甚至存在于这些繁忙的教室里的表演游戏中"。儿童会在水桌上用漏斗、管子、排水槽和量杯探索液体的物理特性，或者用附近的磁力片进行搭建。

与瑞吉欧的幼儿园一样，开端计划幼儿园的教师抓住机会与家庭合作，并利用社区资源。例如，在当地的雄鹰童子军和家长志愿者的帮助下，他们在一个狭小的户外空间中增加了花坛、长椅和植物温室，把它改造成了更具吸引力的环境。参观大学校园里的农场，则拓展了他们的园艺学习。最近，教师们在努力寻找空间来展示儿童的作品，以庆祝主题研究的圆满结束。他们运用回收再利用并重新喷涂的箱子，把狭窄的入园门厅变成了一个博物馆，儿童、家长和教师可以在那里交流并欣赏儿童的作品。

📷 快照：安克雷奇公园幼儿园

在幼儿园中相对较大且开放的空间里，儿童可以将建构作品保留在原地，并持续对其进行拓展性的探索

安克雷奇公园幼儿园的园长从哲学角度看待空间的使用，提出了一个具有挑战性的问题："谁拥有这个空间？"各项决策的依据，应该是"从儿童的视角看空间"——要考虑儿童的能力水平，探索儿童是怎样学习的，了解儿童的需求，追问什么是有意义的、什么能支持儿童学会负责任和尊重。教师需要考虑怎样与儿童个体、小组及其家庭合作，探索如下问题："可以怎样使用这个空间？""怎么让它适合儿童？""怎么让它适合成人？""我们可以移动什么？""角落里可

以放什么？""什么东西会比较柔软、舒适？"

一些户外空间相对较大且开放，在那里可以使用轮胎、废旧家具和旧拖拉机部件进行 STEM 探究。当儿童的项目需要更大的空间时，教师们会考虑怎样对附近的学校用于开展特殊社区活动的大厅进行临时改造，以满足他们的需求。例如，为了庆祝家庭迪斯科之夜，家长、儿童和教师一起搬走家具和材料，布置灯光、迪斯科灯球和彩带。因为儿童参与了空间的改造，所以他们感到很兴奋：这个空间仍然是他们的，同时又变了样。在其他时候，这个地方又变身为展示儿童作品的艺术画廊。不远处，学校的车道成了赛车活动的场地。该园的教师们持续调整对空间的运用，始终牢记他们"尊重儿童能力"的核心理念。

第五章

对美学的运用

> 近年来，瑞吉欧的教育工作者越来越强调美感、和谐和秩序等美学价值。对于儿童而言，美学也是他们认知的一种方式。
>
> ——《儿童的一百种语言（第 3 版）》

创设的空间要美观、和谐并充满具有感官吸引力的材料，这是瑞吉欧教育理念不可或缺的一部分。瑞吉欧的教育工作者对空间的重视与他们对美学的重视相关。也就是说，和谐、美观的环境体现了对空间的有意设计，以及对材料和家具的精心选择与安排。瑞吉欧的教室强调运用自然材料（木头、黏土、草、羽毛、石头）激发好奇心，对这些材料进行精心布置和安排，可以增强它们的视觉吸引力并激发儿童的求知欲。通过触觉、嗅觉、视觉、听觉和味觉（在合适的时候）对材料进行感官探索，对早期 STEM 学习很重要；而据我的经验，瑞吉欧教育对美学的追求则提供了丰富的感官体验，能够吸引儿童参与 STEM 学习。

走进这样的教室，儿童可能会发现一排从小到大依序排列的美丽贝壳。他们会仔细观察，把它们拿起来，翻来覆去，从不同的角度去观察，放在耳朵边听一听，凑近鼻子闻一闻，这些都会引发很多的讨论和问题。比如，它们是从哪里来的？它们还活着吗？有什么东西在这个壳里住过吗？这个贝壳是世界上最小的（或者最大的）吗？它是怎么变成这个形状的？为什么它闻起来有味儿？基于这些问题，儿童会和教师商定一系列探究。

　　在大自然中，整合美学和感官探索的机会比比皆是。例如，在秋天，和新英格兰地区的许多幼儿园一样，伊丽莎白·阿门幼儿园通常也会让儿童进行苹果研究。这项复杂的研究往往历时数周，始于到附近的苹果园散步（秋天时，苹果园就成了儿童的户外教室）。一路上，儿童用自己的感官探索秋天来临的迹象：观察秋叶鲜艳的色彩，倾听走路时脚下干枯的落叶发出的嘎吱嘎吱的声响，感受秋天清新、凉爽的空气。在苹果园里，儿童在欣赏果园的美景时，也会观察到苹果随着时间的推移在不断生长。儿童会采摘自己最喜欢的苹果，然后通过触摸感受苹果光滑的果皮、扎手的果柄，以及苹果上撞伤或擦伤的部位。随后，儿童会带着这些苹果回到教室进行深入探究，比较不同苹果的颜色与大小。第二天，他们和教师一起将苹果切开，观察苹果的核，取出苹果的种子。他们会闻一闻、尝一尝苹果，并描述苹果的气味、味道如何以及脆不脆。他们会探究红苹果、黄苹果和绿苹果，比较它们的特征，对比它们的相同点和不同点。最后，他们会和教师一起制作苹果酱，享受味觉盛宴。在整个过程中，教师（和儿童）会通过照片、图画、新的词语、图表以及儿童的问题与评论，记录这场感官盛会与整个STEM探究历程。在这个过程中，儿童通过比较味觉方面的不同，可以发展批判性思维；此外，通过估计数量和加热、冷却时的温度，以及按顺序执行食谱中的步骤，他们的数学技能也会得到发展。

在美国的幼儿园中，儿童经常在无意中遭到无趣材料或杂乱环境的"感官轰炸"，而引发并聚焦STEM学习的机会却付之阙如。在教室中，各种材料一股脑地堆放在架子或窗台上，其排列方式并不美观，无法激发儿童的好奇心。许多幼儿园中充斥着各种塑料材料，它们虽然耐用且易于清洁，但是对感官的吸引力比不上自然材料。我和参与"幼儿园STEM教学"课程的学员们一起讨论了创设有吸引力的、能够引发STEM探究的学习环境的重要性与挑战。其中的材料要精心挑选，以激发儿童的好奇心，鼓励他们思考各种可能性，并促进探究和问题解决（参见第四章关于空间的讨论）。

安克雷奇公园幼儿园创造了一个真正神奇的环境，在那里，儿童的创造力被激发出来，他们敢于冒险，特别是在投入STEM探究时。在室内外环境中，修理盘（tinker trays）很重要，这些浅浅的木质托盘非常赏心悦目，以简单的分格来有序收纳各种材料（通常是自然材料）。买来的修理盘通常是星形或长方形，内部分格，但教师自己用松饼盘、鸡蛋托或类似的东西也很容易制作。这些漂亮的修理盘了不起的地方在于，那些最初看起来很简单的事情（计数、分类、模式）也能带来更复杂的挑战（创造、建构和发明）。

> **自我评估检核表**
>
> ✓ 当你查看本班环境时，你是否能够感受到美感和秩序感？你觉得它看起来令人满意吗？你的好奇心被激发了吗？它是杂乱无章的吗？最困扰你的是什么？
>
> ✓ 你们班的材料摆放是否有秩序感、和谐感，从而在视觉上具有吸引力且方便取用？
>
> ✓ 你怎样吸引儿童的感官？你们班的许多材料都是由木头、石头、棉花、草编制品等自然材料构成的吗？
>
> ✓ 你们班的窗户是打开的吗？你是怎样提供新鲜空气的？
>
> ✓ 自然光照是否能遍及整个教室？如果不能，你会如何增加光照？如果自然光太强，你会如何减少光照？是否需要为窗户玻璃涂色，或使用遮阳帘？

明天要尝试的一件事

由于工作任务繁重以及材料、采光等方面的限制，考虑班级环境的美感似乎是不可能的。但请记住，事情并非必然如此。迈出一小步，让你们班的环境更加美观，这不仅有益于儿童的体验，也很可能会出乎意料地为你忙碌的一天平添些许宁静与快乐。在充满秩序感与和谐感的环境中开始新一天的工作，会让你对儿童的评论、提问和观察更加敏感；在富有吸引力与美感的环境中开始一天的活动，也会激发儿童的好奇心和学习热情——对于你和儿童是双赢。我接触过的许多教师都发现，做出这个改变虽然是最具挑战性的，但也是最有价值的。所以，做一次深呼吸（和那位支持你的同事一起），审视你们班的环境，然后立即用一个词语来描述。你会说，神奇的、奇妙的、有趣的或令人愉悦的，还是会说凌乱的、没条理的、杂乱的或毫无吸引力的？毋庸置疑，关于关键或规定的课程，我们能够从环境中找到大量的证据；但与此同时，关于可以唤醒儿童感官并激发其好奇心的自然材料或具有美感的材料，我们能否从环境中找到相关的证据呢？如果没有，请你考虑明天或是本周内在本班环境中引入一种自然材料。投放一些新鲜的香草——薰衣草、薄荷、香蜂草、迷迭香或罗勒——让儿童看一看、闻一闻并摸一摸（或许还可以尝一尝），将会多么诱人！将这些香草以吸引人的方式放置在花瓶、玻璃罐、玻璃盘或漂亮的花盆中，能够引发儿童的兴趣、对话乃至进一步的讨论，包括种植香草、干燥香草、用香草烹饪以及用香草制作香囊等物品。最有可能的是，有家长、朋友或同事愿意分享自己的植物，或是有苗圃愿意捐赠一些幼苗或种子，这样你和儿童就可以自己建造美丽的香草园了。

📷 快照：伊丽莎白·阿门幼儿园

儿童围坐在用自然材料做成的新桌子旁，讨论他们在新的户外教室里进行的探究。他们探索各种工具并思考它们的用途，从而促进了其 6C 能力的发展

园长和教师们承认，他们对美学的关注主要体现在自然之美上。从他们新的户外教室，对树木和池塘的研究，对苹果园的参观，以及对附近"神奇森林"的探究中，都可以看到这一点。但在时间允许的

情况下，他们也开始对室内教室的美学提出质疑。园长指出了新出现的几个重要问题，例如：

- 我们在选择颜色方面有刻板印象吗？我们是否应该使用更加中性的颜色？
- 怎样引入更多的自然物品，如筐子、草席或木托盘？
- 我们在教室中还可以引入哪些其他的材料——鹅卵石、羽毛、贝壳，还是玻璃弹珠？
- 怎样收纳材料能更吸引人，并方便拿取？
- 怎样把儿童的小隔间变成更吸引人且更私密的空间？

最值得关注的是，她对 STEM 中的刻板印象提出了深刻的质疑。许多社会成员贬低 STEM 素养及其在日常生活中的重要性。我们经常臆测谁对 STEM 感兴趣，谁可以胜任 STEM 领域的工作，以及我们鼓励谁从事 STEM 职业。而这本书的目标之一，与瑞吉欧教育理念一致，就是将所有儿童看作有能力且能胜任的，并倡导所有儿童，无论其性别、种族、能力、社会经济地位、母语或宗教如何，都应该获得神奇的 STEM 学习环境，教师都应为他们提供参与 STEM 探究的机会。

📷 快照：本地的开端计划幼儿园

园长自豪地表示，他们园的 STEM 环境在过去几年逐渐地发生了改变；与此同时，她也提出，创设在美学方面更具吸引力的环境是有挑战性的。审美体验大多是在规定的研究主题中偶然引入的。例如，在研究服装时，教师和家长带来了很多反映不同文化特色的布料，儿童会注意到这些布料的颜色、质地及图案，并尝试将它们包裹在自己身上。儿童会在附近的大学校园自然小径上散步时欣赏树林的自然美景，也会欣赏、触摸、嗅闻新建温室中的植物。客人演奏小提琴或当地舞者造访时，偶尔也会有吸引儿童感官的机会。

该园的环境中充满了专门购买的材料，选择这些材料是为了满足课程的要求和规范，而不是因为它们在感官或美学上有吸引力。园长指出，找到将材料摆放得具有吸引力的方式也是具有挑战性的。这里存储空间紧张，教师必须共享有限的资源。这所幼儿园迈出的一小步是，将这些材料按主题分组，放在贴有清楚标签的透明存储箱中。这样能够让儿童和教师知道什么材料去了哪里，并轻松找到他们需要的材料。

园长组织了一个专业发展工作坊，并请我来主持。我们重点关注了瑞吉欧·艾米利亚和新西兰安克雷奇公园幼儿园在美学上具有吸引力的学习环境。在工作坊期间，我们讨论了那些令人愉悦的环境的照片，希望这些照片能够"刺激"教师们思考本班 STEM 学习环境的美学维度。

📷 快照：安克雷奇公园幼儿园

回顾几年前对幼儿园的重新设想，园长指出："我们的目标是创设一个让儿童觉得神奇和充满惊喜，可以提出问题并建立联系的环境……一个儿童会感受到快乐而不是压力和焦虑的场所。"教师激发好奇心与探究的意愿，有助于提升环境的美学品质。隐藏在整个环境中的开放性自然材料（如贝壳、羽毛、石头和种子），能够鼓励儿童进行分类、探索模式和发明创造。室内外成筐的积木与道具，可以支持儿童富有想象力的工程建造。户外的画架能够吸引儿童去画出他们对花朵、树木和云朵的印象。菜园可以增进儿童对生命周期和大自然的理解。儿童就在这样令人难以置信的美丽而宁静的环境中，进行着游戏性的探究、创造并与同伴和家人合作，这让世界各地前来参观的

幼儿教育工作者（包括我自己）都深受启发。

尽管上述努力成功了，园长仍解释说，环境或气候在持续变化，仍需要儿童和教师去适应。近年来的高温对园所环境中的自然美景构成了极大的挑战，影响了植物的生长。为了坚持"回应儿童的观察""为关爱地球做出榜样"的园所理念，教师允许儿童"种植"人造花，以保持户外空间的美观并减少用水。

第六章

STEM 材料和主题

> 材料应该是丰富多样的。它们应该构成一个多感官的环境……在一段时间内，有的会产生变化（木头、石头、鲜花、布料），有的则保持不变（玻璃、钢铁）。
>
> ——意大利建筑师米凯莱·齐尼（Michele Zini），引自《儿童的一百种语言（第 3 版）》

精心挑选的材料可以引发儿童的好奇心、求知欲、提问、困惑、操作、仔细观察、对话及感官探索。所有儿童——无论他们的课堂环境、性别、种族、民族、文化、宗教、能力或社会经济地位如何——都应该获得这些精心选择的材料带来的机会。这些经验能够促进游戏性的 STEM 探究及儿童对科学过程的参与，是早期 STEM 概念发展的基础。

有哪些 STEM 材料能够同时运用于室内和户外？是否有可以建构和拆解的开放性材料，水桌和感官桌，锅碗瓢盆，园艺区，用于

STEM装扮游戏（make-believe play）的建筑物（医院或消防站的房屋、户外探险的帐篷），用于搭建的大块积木和轮胎？图书并不总是被看作材料，但对于STEM的每个学科都是必不可少的，包括非虚构类和虚构类，适用于儿童（有时也包括成人）。图书还有助于儿童发展早期读写技能，丰富背景知识和词汇。

接下来呈现的这些STEM主题及材料基于儿童的好奇心与兴趣，能够激发并支持他们的探究。

科学

贝蒂·赞（Betty Zan）在《与幼儿一起学习STEM》（*STEM Learning with Young Children*）一书中指出，科学是"有关自然界的知识或研究，以观察和实验获得的事实为基础"（Counsell et al., 2016）。在这本书中，劳伦斯·埃斯卡拉达（Lawrence Escalada）表示，科学过程或探究对于STEM探索是不可或缺的。他把科学过程界定为观察、交流、估计、测量、收集数据、分类、推理、预测、建构模型、解释数据、做出假设、控制变量和下操作性定义。让儿童有机会玩便宜的日常物品，可以鼓励他们通过上述科学过程去发现周围的物理世界。实际上，二十一世纪的许多公司都在寻找的，也正是能够尝试新的想法、发挥想象力、跳出思维定式、敢于冒险和犯错的员工。此外，这些雇主也在寻找具有6C能力的员工，他们在面对设计难题与他人争执时仍像做游戏一样充满自信。以同样的游戏性的方式，儿童在与同伴共同为玩具汽车、球和弹珠设计斜坡及管道结构时，可以探索速度、轨迹、摩擦力、重量、动量等概念。可以收集以下材料，用于引发关于球和斜坡的 STEM 探究：

- 木板、木条、硬纸板、排水槽、防撞角（用于搭建斜坡）；
- 纸巾和卫生纸的纸筒；
- 美纹胶带和强力胶带（用于连接各个组件）；
- 各种不同质地的材料，如地毯、砂纸、瓷砖等（可添加到斜坡上，以影响球或汽车的速度）；
- 各种尺寸和材质的球（泡沫球、网球、乒乓球、橡胶球、塑料球）；
- 大小不同的弹珠；
- 木质的线轴和方块；
- 玩具汽车；
- 圆形的自然物，如橡子、核桃和柠檬。

当然，单靠精心挑选的材料并不能保证学习的发生。教师扮演着重要角色（见第七章），当儿童探究与斜坡实验相关的材料与概念时，他们要鹰架儿童的学习：回应儿童的提问和迷思概念，提出启发性的问题，促进更复杂的探究，示范好奇和敢于冒险的学习品质，使用并解释内涵丰富的词语（如运动、速度、摩擦力、距离和动量）。

技术

在 2019 年 12 月的《幼儿教育创新：瑞吉欧·艾米利亚国际交流》杂志上，布伦达·菲弗撰文指出，瑞吉欧的教育工作者总是将技术设备纳入与儿童的合作探究之中，这些技术设备包括"计算机、编程软件、扫描仪、数码相机、视频投影仪、网络摄像头和笔式显微镜/相机"。我们都有这样的经验：数码相机对于教和学都是不可或缺的。它可以捕捉探究过程中一系列事件的时间顺序，记录儿童经历的尝试和错误，展示探究过程中发生的科学过程，同时也为儿童、教师、家长和社区提供了重温探究并赞赏学习成果的机会。

对于幼儿教师而言，关注儿童在使用平板电脑、计算机和智能手机等技术设备时的活跃度和参与度，是一个好的准则。意识到过度使用技术可能带来的负面影响，"儿童屏幕时间行动网络"（Children's Screen Time Action Network）和"抵制不健康的儿童娱乐教师协会"（Teachers Resisting Unhealthy Children's Entertainment，TRUCE）等组织呼吁密切监控幼儿园儿童花在屏幕上的时间，希望他们参与更具游戏性和主动性的合作学习。在讨论技术的适宜使用时，多诺霍和朔姆贝格（Donohue & Schomberg, 2017）在《幼儿》（Young Children）杂志上的文章中提出："技术的使用不应取代想象游戏、户外游戏和大自然、创造力、好奇心和求知欲、独自或共同的经验，或使用工具进行探究、解决问题、探索世界等。"在疫情期间，儿童和教师依靠技术来维持学校教育。这将最终如何影响儿童的整体发展，暂时还未可知。与此同时，我要再次强调，我们这里所讨论的是对技术的有意使用。

大多数情况下，我们认为技术就是计算机、平板电脑或智能手机。然而，对于儿童来说，技术往往更多地关系到怎样在游戏性探究中解决问题与寻找解决方案，如"怎样才能让我的牛待在农场的院子里？"或者"我怎样才能把重型卡车开过摇摇晃晃的桥？"。关于在幼儿教育机构中如何适宜地使用技术，我建议教师要让儿童有机会自由且安全地探索、操作和测试周围环境中几乎所有的事物！带有开关和控制器且有多种用途的按钮式玩具能够鼓励儿童解决问题。儿童的技术媒介包括马克笔、蜡笔、橡皮泥、颜料、毛绒条[①]和黏土等工具。儿童常常通过装扮游戏进行技术使用的练习和交流，如使用收银机、拍X光片、打电话、设置闹钟，以及和面并制作饼干。以下是其他用于探索技术的材料：

- 装扮游戏的玩具（旧手机、电视遥控器、钟表、计算器）,
- 促进问题解决的玩具（按钮、开关、摇柄、手电筒、钥匙和锁）。

---

① 毛绒条：又叫毛根、扭扭棒，里面是铁丝，外面包裹着绒毛，是一种操作简单、造型多变的手工材料。——译者注

工程

在《专注的小小工程师》（*Engaging Young Engineers*）一书中，作者将工程设计过程定义为"运用创造力以及数学和科学知识为人类的问题创造解决方案的过程"（Stone-MacDonald et al., 2015）。他们界定了这个过程的 6 个要素：界定问题、研究可能的解决方案、选择和规划最佳解决方案、构建和测试模型、改进设计以及交流解决方案。简单来说，这个过程包括"想一想、试一试、改进、分享"。在游戏性的 STEM 环境中，儿童可以对开放性的日常材料进行选取、仔细观察、移动、组合、拆分、拼回原样或者改造。不同质地的材料可以鼓励儿童了解吸水性、颜色、软硬等特征。幼儿教师甚至可以在本班教室或与其他同事的共享空间中专门设置一个创客空间，供儿童进行创造性的鼓捣（tinker）、设计、发明和建造，通常他们会与同伴合作进行。鼓捣需要非结构化的时间去探索和发明，测试想法，并从错误中进行学习。提供"纯粹"的鼓捣时间，反映的是教师信任儿童的能力，相信他们可以使用这些材料进行富有成效的冒险。以下是可供幼儿园儿童在创客空间中进行鼓捣的一些材料：

- 垫圈、螺母、螺栓、螺钉、钳子；
- 软木塞、硬纸板、卫生纸和纸巾的纸筒、鸡蛋托、包装材料；
- 小块瓷砖；

- 磁铁；
- 毛绒条、封口软条、弯头吸管；
- 美纹胶带、强力胶带、彩色胶带、剪刀、打孔机、订书机、胶水；
- 细绳、毛线、绒球、棉球、串珠、纽扣、布料的边角料，具有发展适宜性的缝纫材料；
- 牙签、雪糕棒、手工棒、金属丝；
- 回形针、晾衣夹；
- 黏土；
- 用于构思设计和重新设计的素描本；
- 木头边角料、旧轮胎等废旧材料，在教师监护下用于户外创客空间，就像安克雷奇公园幼儿园那样。

数学

贝蒂·赞指出："通常情况下，幼儿教育中的数学等同于数与量，特别强调学习如何计数。"她认为，幼儿教育阶段数学应聚焦于"对数、量和空间的学习"（Counsell et al.，2016）。给儿童提供一些日常的、好玩的物品，可以鼓励他们认识数字、学习点数、估计多少、使用自己的工具（手、脚、木棍、细绳等）进行测量、解决日常生活中的问题（例如确保每个人得到的一样多），并创编他们自己的计数游戏。根据大小、颜色、形状或质地对物品进行配对和分类，有助于儿童识别和发现模式。模式是科学和数学的基石。儿童可以学习识别模式、复制模式、填补模式中缺失的部分、拓展模式并创造自己的模式。数学技能可以支持科学、技术和工程的学习。一些常见的日常材料包括：

- 骰子；
- 扑克牌；
- 宾果游戏卡；
- 用于计数的物品（纽扣、玩具人偶、雪糕棒等）；
- 硬币；
- 日历；
- 量尺、量杯、量勺；
- 书写用纸；
- 铅笔、马克笔；
- 计算器；
- 各种图表，用于记录统计数字和数据；
- 用于探究模式的材料，如橡子、贝壳、鹅卵石、树叶、纽扣、串珠、玻璃弹珠或宝石、玩具人偶和汽车、小号的颜色或尺寸不同的积木和瓷砖。

幼儿教师的工作预算通常非常有限。但是我们发现，创设一个以 STEM 为中心的环境并不一定需要花很多钱。教师可以从家里带来日常用品，或是在大自然中寻找材料。家长可以捐赠或出借物品，旧货市场以及当地的企业和组织可以提供一些回收材料。在对瑞吉欧·艾米利亚的一次访学中，我参观了雷米达创意回收中心，教育工作者在那里推着购物车，从当地企业捐赠的废旧材料中进行挑选。我接触过的一些幼儿园储备的纸制品来自当地报社的边角料。图书馆和博物馆也经常会借给幼儿园一些工具包来支持他们的STEM探究。

自我评估检核表

√ 你已经拥有哪些支持科学学习的材料？你还需要什么才能开始？

√ 你已经拥有哪些支持技术学习的材料？你还需要什么才能开始？

√ 你已经拥有哪些支持工程学习的材料？你还需要什么才能开始？

√ 你已经拥有哪些支持数学学习的材料？你还需要什么才能开始？

√ 你和你的同事可以分享哪些材料？

√ 家长可以捐赠什么？当地企业可以捐赠什么？

√ 当地是否有资源回收中心？

√ 你是否可以申请一些小额经费（也许与同事一起）来购买必要的材料？

√ 是否可以参观儿童博物馆和图书馆，或者从他们那里借用材料？

明天要尝试的一件事

拿起纸和铅笔，坐在你最喜欢的椅子上，喝着咖啡或茶放松一下。开始头脑风暴,列出你希望本班环境中拥有的材料。请记住你的理念,以确保始终关注有重要价值的事物——STEM 材料,包括自然物品,并支持游戏性的探究。不要拒绝任何想法——写下你想要的一切。然后,考虑你的目标受众,即那些会认真看你列的清单并考虑捐赠或提供某种支持的人。发动你的人脉!谁可能会捐赠或传播消息?家长?朋友?专业组织?社交媒体?本地企业?图书馆?回收中心?整理一份简洁、吸引人的启事,解释清楚你为什么需要这些物品,校对后用电子邮件或社交媒体快速发送。不要拖延——去行动吧!

📷 快照:伊丽莎白·阿门幼儿园

家长志愿者在帮忙翻新阿门幼儿园的户外环境

在过去的两年里,阿门幼儿园一直专注于将他们的传统操场改造成一个吸引人的、探究式的户外教室。儿童、教师和家长在菜园里种植、照料、研究和记录。他们用桶从水泵中打水，在泥巴厨房里"做饭和吃饭"。户外舞台整修后，儿童还会与同伴和家人分享他们的诗歌、书写、歌曲和音乐。儿童在户外画架上创作，享受这个激发想象和创造的空间。在这个不断发展的 STEM 或 STEAM 环境中，儿童的问题解决能力、探究能力、艺术能力和 6C 能力都在蓬勃发展。在家长、社区志愿者和大学生的帮助下，使用捐赠的、回收的和再利用的材料，以及通过筹款购买的材料（如户外画架），户外环境得以翻新，重新焕发出活力。最受欢迎的材料包括：松饼烤盘、滤网、金属勺子、各种尺寸的碗和锅、搅拌器、量杯、胶头滴管、铲子、园艺锹和水桶。

📷 快照：本地的开端计划幼儿园

开端计划幼儿园的教师张贴的本班服装研究的记录

在最近对服装的研究中，教师和家长提供了各种材质的布料，包括灯芯绒、天鹅绒、棉花、橡胶（雨衣）、丝绸、羊毛、棉线、毛线和丝带。虽然这项研究是开端计划指定课程的一部分，但家长提供的材料和服装扩展了探究的范围和深度。通过比较不同的布料，儿童对各种材料的特征进行了批判性的思考。儿童在摆弄纽扣、按扣、拉链、挂钩、粘扣、针和剪刀的过程中，探索它们的工作原理。家长志愿者示范了缝纫和编织，并从他们的祖国带来了沙特阿拉伯和印度的服装。儿童也专注于各种STEM技能，包括对物品进行分类，发现布料中的模式，设计自己的服装，并学习缝纫。

快照：安克雷奇公园幼儿园

安克雷奇公园幼儿园相信儿童在技术使用方面是有能力且能胜任的，因此以各种方式精心地整合他们对技术的探索。园长说："缝纫是儿童和家长都喜欢的技术！"每周都会有一名家长志愿者协助儿童通过手工和机器进行缝纫。儿童和家长都非常喜欢这个想法：他们祖辈（出生于二十世纪五六十年代）的衣服都是自己缝制的！儿童使用的是一台旧计算机，不联网但是有照相、教育游戏、图书阅读、视频剪辑等功能。他们练习使用创意空间（Kid Pix）艺术应用程序、使用鼠标、分享和轮流，学习计算机的基本操作，并学会尊重在计算机上工作的机会，之后可以获得使用计算机的"彩虹许可证"（Rainbow License）。获得珍贵的彩虹许可证被看作一项很高的荣誉，在随后的展示活动中，儿童的这一成就会获得家长的认可与赞赏。一旦获得这个许可证，他们就可以（在教师的支持下）使用带打印机的计算机或平板电脑了。

第七章

教师的角色

> 打个比方,在进入未知区域的旅程中指南针是最有用的工具。儿童会有这样的感受:好奇,惊喜,对未知充满热情。这段旅程所需的勇气在于:勇于选择,勇于犯错,以及勇于面对不确定。
>
> ——卡利娜·里那第(Carlina Rinaldi),《瑞吉欧·艾米利亚的员工发展》(Staff Development in Reggio Emilia),引自《对瑞吉欧方法的反思》

从更传统的幼儿教育环境转向瑞吉欧式的STEM环境时,教师的角色往往会发生转变。扪心自问,你对自己角色的看法是否反映了你不断发展的理念?重新设想环境的过程,不可能对教师如何看待自己的角色以及希望传达给儿童与家长的信息和价值观毫无影响。基于在瑞吉欧·艾米利亚的学习以及培训幼儿教师的工作,我发现,教师的教学重点通常会在6个特定领域发生转变,这些领域也是本章的重点。

1. 倾听教学法。致力于游戏性探究、科学过程和 STEM 探究的教师，在他们的日程安排上会保持灵活性，会欣然接纳儿童的提问并将其作为潜在的 STEM 学习的基础。这反映了瑞吉欧教育中所说的倾听教学法，它要求教师提高自己提出开放式问题的技能。

2. 记录。致力于创设瑞吉欧式 STEM 环境的教师，会改进他们的记录，以揭示儿童的学习情况，同时引发进一步的问题和反思。

3. 背景知识。认识到自己的角色是儿童的共同研究者后，教师会随着 STEM 学习的发展，围绕正在研究的问题建立自己的背景知识。

4. 早期读写。在复杂的 STEM 探究过程中，教师会抓住无尽的机会以支持儿童早期读写技能的发展，特别是那些与词汇相关的技能。

5. 示范学习品质。在游戏性的瑞吉欧式 STEM 环境中，教师会认识到，对于希望儿童获得的学习品质，如好奇、好问、批判性思维以及与他人快乐地合作学习，教师进行亲身示范是至关重要的。

6. 倡导变革。倡导变革通常需要管理者或外部的支持，因此教师需要阐明他们进行变革的原因、变革对儿童的价值，以及他们实现变革所需的条件。

倾听教学法

瑞吉欧教育理念强调"倾听教学法"，即教师要关注儿童的问题、观察、迷思概念和兴趣。瑞吉欧的教育工作者会从儿童那里获得线索来规划探究活动，克服提供正确答案、遵循既定课程、执行预设主题的压力。倾听还需要教师仔细观察，留意儿童在聊什么，提出了什么观点，对什么感到疑惑，对什么感到沮丧，等等。

作为教师，我们被训练得能够提出没完没了的问题。但大多数情况下，我们提出的问题要么只能回答是或不是，要么就是有"正确"的答案。当然，有些时候这样做是重要且必要的。然而，有时这种提问会事与愿违，阻碍进一步的讨论和阐述，而不是促进或支持讨论和批判性思考。因此，在探究式的STEM环境中，教师必须提高自己组织开放式讨论的技能，以征求儿童不同的观点，帮助儿童相互学习，权衡后续安排，并最终建立一个共同的知识体系。

提高提出开放式问题的技能，对我们当中的许多人来说都是一种挑战。我的班上有一位学员在参与"幼儿园STEM教学"课程期间进行了一项研究，评估教师提出开放式问题的技能。利用收集到的这些数据，她和这些教师一起合作来提高这项技能。教学效果好的教师想要知道，儿童为什么会做出特定的评论（错误或正确），他们注意到了什么，他们还可能有什么不一样的做法，等等。熟练的教师也会郑重其事地质疑儿童的假设，以引发他们的思考。下面这些问题中，你已经问过的有哪些，或打算开始问的有哪些？一些教师会在教室里张贴类似的问题清单，提醒自己（和儿童）可以提哪些有效的问题。

自我评估检核表

√ 是什么让你感到惊讶？

- √ 如果……，你认为会发生什么？
- √ 你为什么会这么认为？
- √ 你是怎么知道的？
- √ 你还需要知道什么？
- √ 为什么那里有_____？
- √ 那个时候发生了什么？
- √ 我们怎么才能知道？
- √ 我们做了什么？
- √ 是什么引发了我们的思考？
- √ 你可以做什么？
- √ 有没有办法去_____？
- √ 我想知道，如果我_____会怎样？

有意识地倾听、观察和提问，可以帮助教师决定如何支持儿童的探究。仔细倾听儿童的评论后，教师可以通过暗示和提问来促使他们思考。倾听儿童的回应有助于教师确定，怎样才能进一步激发他们的兴趣，引发他们的困惑，或加深他们的思考。例如，对暴雨后的彩虹感到惊奇的儿童可能会问，彩虹是怎样形成的。注意到儿童的疑问并倾听他们的评论后，教师可以提问："你会怎样描述彩虹的样子呢？你觉得彩虹是怎样形成的？我们可以怎样制造彩虹呢？我们需要做什么？我们可以用哪些材料来制造彩虹？我们为什么要用到这些材料？"第二天，教师可以把三棱镜或手电筒和一杯水带到班上，借此引发更深入的研究。

记录

记录是瑞吉欧教育理念不可或缺的组成部分，即通过儿童的绘画、儿童的语言、照片、视频、作品等方式捕捉精彩时刻。我们鼓励刚开始做记录的教师将自己视为考古学家，"挖掘"儿童认识发展过程中的关键时刻，包括他们的问题、困惑、遇到的障碍、解释、绘画、建构和发现。记录可以保存项目的故事，随后用于与儿童、家庭、社区进行分享和庆祝。思考为什么会做出某些决定，可以促进儿童批判性思维的发展。在教师的鹰架之下，他们开始寻找模式、发现误解、进行比较，以此来了解为什么发生了这件事而不是另一件事。记录也是一种强大的工具，可以展现儿童在STEM探究过程中发展的6C能力，包括合作能力、沟通能力、创造力、知识储备、批判性思维，以及不断增强的自信等。

我向教师们提出，从小处着手对于培养任何新的习惯都很重要。学习记录需要时间，且同事的支持对此颇有助益，瑞吉欧的教育工作者就经常这样做。阿门幼儿园的教师们经常在午餐时聊天，分享他们正在进行的记录工作，征求同事的反馈与建议，并试探性地透露下一步的打算。在尝试更有力的记录时，使用儿童的绘画作品是一个很好的切入点。可以引用儿童的话，捕捉他们的问题、惊喜和新知。也可以添加教师的注解，描述学习过程中的磕磕绊绊，探讨后续要做的事情。照片展板同样能够让学习可视化。正如诺伊曼-海因兹（Neumann-Hinds, 2007）在《照片中的科学》（Picture Science）一书中所指出的："（照片）非常有助于提醒儿童他们做了哪些事情，并促使他们思考自己为什么会这样做。"我认为最有用的是视频记录，当与其他学习成果相结合时，它让每个人都能回顾学习过程中的各个事件，还可以暂停或回看以进行进一步的思考。

背景知识

几乎所有教师都会问：对于儿童感兴趣的主题，教师拥有相关的背景知识到底有多重要？伊丽莎白·阿门幼儿园、开端计划幼儿园和安克雷奇公园幼儿园的教师们一致认为，教师作为儿童的共同研究者，需要扩展自己的 STEM 背景知识，如彩虹、影子、蝌蚪、速度等。尽管"向儿童提供的科学学习体验的质量，与教师拥有的科学内容知识直接相关"（Marx & Harris，2006，转引自 Counsell et al., 2016），但大多数幼儿教师在 STEM 领域学过的课程或拥有的知识储备都是有限的。获得这些知识需要时间——而对于已经超负荷工作的幼儿教师来说，时间是非常宝贵的。令人高兴的是，增加 STEM 知识有许多非正式的方法，不需要额外的课程或培训：

- 通过实践共同体或专业学习小组，与同事们进行合作；
- 与其他幼儿教师组建或参加读书俱乐部；
- 访问志趣相投者的在线群组；
- 与同事们一起摆弄开放性材料；
- 观察一位你钦佩的同事，或和他一起观看照片、视频，然后提出问题；
- 与一位同事一起规划"明天要尝试的一件事"。

从已经具备背景知识的领域开始，可以为你进入 STEM 探究提供一个自信的跳板。也许你会演奏某种乐器，喜欢收集贝壳，或醉心于 DIY、烹饪或园艺——所有与 STEM 有关的爱好，都可以带到你们班的环境中。当你和儿童一起探究时，回应他们的问题也会扩展你的背景知识。我们并不总是知道问题的答案，也并不总是拥有足够的背景知识，但展现真诚的好奇心、与儿童共同学习的意愿，可以强化我们赋予探究活动的价值观。

早期读写

教师们和我讨论了在真实语境中示范并扩展儿童词汇量的重要性。以有意义且适宜的方式获得词汇，有助于儿童发展背景知识并在未来的学业上获得成功。在语境中（而不是孤立地）学习词汇，对母语非英语的儿童尤为重要。在游戏性的探究中，儿童开始建立图式，或在相关词汇间建立联系，这将在他们以后的学校教育中起到很好的作用。

在整个 STEM 环境中，扩展儿童词汇量的机会比比皆是。除了 STEM 相关图书中丰富的词汇外，在 STEM 探究中也会使用相关的术语。例如，在探究球和斜坡时，就涉及速度、大小、倾角、摩擦力、运动、动量和距离；关于植物的探究中，则涉及种子、生长、变化、幼苗、根、茎、叶、花蕾、花瓣、开花和凋谢。这样的可能性是无穷无尽的。

示范学习品质

在游戏性、探究式的 STEM 环境中，示范学习品质可能是教师最重要的作用。想象一下，当儿童看到他们的教师对周围的世界充满热情、感到惊讶、表达困惑、产生疑问、展现好奇、渴望求知时，他们会多么兴奋！你的态度会感染他们，因为年幼儿童很容易受到教师的影响，往往想成为教师那样的人。如果你对附近池塘的水里到底生活着哪些东西感到好奇，他们就会和你一样兴奋。如果你在自然小径散步时对树林里高大的树木感到惊奇，他们就会和你一样感到惊奇：这些树怎么会这么高大？它们有多大岁数了？为什么地上会有松针？松果是从哪里来的？为什么有的树倒下了？

倡导变革

最后，瑞吉欧的教师不仅将自己看作教育者，也将自己视为倡导者，他们倡导儿童的权利，包括在作为第三位教师的环境中共同学习的权利。在访问意大利瑞吉欧·艾米利亚时，他们为坚持自己的理念而付出的不懈努力，以及在改造他们的园所以传达相应的信息和价值观方面表现出的领导力，都令我肃然起敬。要想完成变革，你需要对自己所在园所的决策文化有敏锐的认识，以便为你不断发展的理念寻求支持（在有许多班级和教师的园所中工作时，更是如此）。如果倡导者的角色对你来说是全新的或令人生畏的，就从迈出一小步开始，并在可能的情况下，与志同道合的、支持你的同事合作。

自我评估检核表

√ 你们园所的决策文化是什么？你如何以及在哪里可以获得支持？

√ 哪种专业学习对你来说最有效（与同事一起工作、在线群组、读书会、参加课程）？

√ 你想从哪里开始？此时你对什么感兴趣？你能最先迈出的一小步是什么？

√ 参加研讨会或会议，或邀请有专业知识的人员参与，对你是否

> 会有帮助?
>
> √ 你有什么爱好或技能,可以作为本班 STEM 学习的跳板(摄影、烹饪、缝纫、手工制作、园艺、观鸟、演奏乐器,或修理东西)?

明天要尝试的一件事

我发现,在提高教学技能方面有一个极其有效的策略,那就是脚本分析。脚本分析能够对你的教学实践提供快照和非正式评估,帮助你确定改进的目标。针对你的教学实践,选择一个你感兴趣的问题。也许你想了解自己最常问的问题类型,或在使用丰富的 STEM 词汇方面的表现。用你的手机自拍几分钟的视频,或者邀请一位没有偏见的同事、实习生或课堂志愿者记下(或用他们的手机或平板电脑拍摄)你在 5 分钟或 10 分钟(或对你最有效的其他时间范围)内提出的问题(或使用的 STEM 词汇)。然后,分析数据,对你所提的问题进行分类:例如,最常见的是只需回答对错的问题,还是促进批判性思维的开放式问题?你可以据此考虑下一步的打算,如在墙上或门后张贴问题清单。也许你的同事也会这样做,你们可以比较数据分析结果、设定目标、监督进展并相互支持。

📷 快照：伊丽莎白·阿门幼儿园

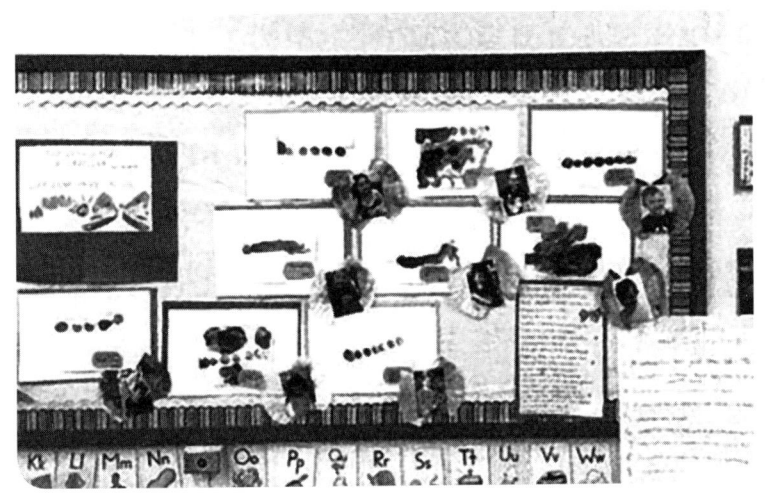

阿门幼儿园的教师发现，专注于创建儿童探究过程的记录，引发了他们自己的批判性思考。此外，他们认同记录可以保存项目的故事，随后用于与儿童、家庭、社区进行分享和庆祝

阿门幼儿园的新园长描述了他们正在进行的变革过程，包括这个过程对他们的专业发展和教学角色的积极影响。她指出，教师团队"一起弄明白"怎样尝试新的和具有挑战性的东西。"害怕不会让我们止步——我们还是会不断冒险。"为了确定改进的目标，他们考察了关于户外学习环境的研究是怎么说的，并考虑在他们有限的预算范围内哪些做法是可持续的、现实可行的。一旦变革开始，他们就会评估

哪些是有效的，哪些是无效的。

户外学习环境提供了更多有意识地观察儿童的机会。园长表示："我们为观察留出了时间。我喜欢在索引卡上做简短的笔记。另一位教师则为每名儿童准备了一个笔记本。还有一位教师用的是档案袋和索引卡。我们甚至决定一起参加一门观察课程。"在简短的教师观察过程中收集的记录显示，教师们对倾听教学法和提问技能都有了越来越深刻的认识。在园长的协助下，教师们分析了自己与儿童互动的脚本，并梳理了自己提出的问题和使用的词汇。按照瑞吉欧的方式对提问进行思考，已经成为他们每周的专业发展会议的一个主题。正如园长所说："我们发现，学会记录对我们来说是一个具有挑战性的过程。在我们努力启发、重构和重温的过程中，我们不断问自己，我们到底在寻找什么。我们很惊讶，没有想到学习记录会引发我们自己的这些批判性思考。"

快照：本地的开端计划幼儿园

自从 STEM 学习开始后，园长形容本园的教师在提问和记录方面变得"更有目的性"。她指出，据她观察，教师们对自己的提问水平有了更多的了解，开始使用更多的开放式问题。从走廊经过时，人们会被讲述近期研究故事的照片所震撼。通过这些记录，家长也可以庆祝和分享他们孩子的学习成果。按园长的描述，一些教师发现，他们的"灵光一现"引发了游戏性的 STEM 探究。在完善专业角色方面，在平板电脑上使用 GOLD Documentation 应用程序对教师很有价值。他们发现，在观察、计划、评估和记录方面，这款应用程序比为每名儿童准备即时贴或活页夹更方便。例如，当儿童看到一只昆虫并开始提出问题时，教师可以立即使用平板电脑来搜索这只昆虫，找到相关信息，进行拍照。同时，这款应用程序还能帮助教师记下哪些儿童表现出了兴趣，以及他们观察到了什么、使用了什么词汇，并评估他们目前的水平，以便与家长分享。

快照：安克雷奇公园幼儿园

安克雷奇公园幼儿园的纸质档案

该园园长建议，这一章（聚焦于教师的角色）最重要，应该作为本书的第一章。她说："没有教师，我们所讨论的一切都不会发生！"这一建议反映了她对本园教师的专业知识、观点和贡献的尊重。他们一起以瑞吉欧的方式共同践行着他们的理念。

教师们在决策时变得更有目的性，并花时间考虑了电子档案和纸质档案各自的价值。他们发现，虽然电子档案有其价值，但是与儿童一起动手创建的纸质档案有更多的好处。有了电子档案，儿童可以对数百张照片进行整理。但是，当儿童拿着自己独有的档案袋或纪念册时，园长说，他们可以与朋友和家人一起"重温自己的旅程和童年记忆"。儿童可以坐在家人的腿上，一起回忆这一年的生活中那些重要的事件。这样的记录支持重温和反思，创造了共同庆祝和彼此关联的时刻。创建有意义的记录，需要教师成为敏锐的倾听者和观察者，捕捉儿童日常生活中美妙、神奇的时刻。

安克雷奇公园幼儿园会制订年度计划，为下一年设定目标。在完成所有评估（包括家长调查）后，整个团队会确定下一年的计划。在一年当中，该团队每周都会开会。最近，他们讨论的重点是教师的角色以及如何加强"有意"的教学。在谈到这些计划会时，园长指出，他们的目的是"进行反思，挑战自己，考虑教学策略和学习成果——持续进行自我评估，推动我们了解需要改变什么"。

第八章

创设瑞吉欧式 STEM 环境的资源

开始创设瑞吉欧式的 STEM 环境,比你想象的要容易。对于那些有兴趣"明天尝试一件事"的教师来说,资源是无穷无尽的。在本章中,我提供了一些有用的网站、有用的专业发展图书、高质量的儿童 STEM 图书,以及一系列 STEM 立场声明的清单。这些资源中大多数都是免费的,也有一些资源需要购买或订阅。(请注意,我与这些资源没有任何经济关系,它们是由其他教育工作者强烈推荐的。)这些资源方便使用,专为那些工作忙碌、能够用于专业发展的时间有限的教师而设计。只需尝试其中一个,就能让你满怀热情地开始创设瑞吉欧式的 STEM 环境。

网站和应用程序[①]

瑞吉欧儿童(Reggio Children)

www.reggiochildren.it/en

---

① 因网站更新等原因,个别链接有可能无法打开。——编辑注

该网站将瑞吉欧教育法描述为一个"内容和策略的生态系统"，并提供实时网络研讨会、课程、视频和网络出版物。在这里，你可以观看瑞吉欧儿童中心的照片和视频，了解参与瑞吉欧教育研究小组的相关信息。

北美瑞吉欧教育联盟（North American Reggio Emilia Alliance）

www.reggioalliance.org/narea

北美瑞吉欧教育联盟是瑞吉欧儿童国际网络的成员，通过会议、网络和资源共享，将幼儿教育工作者和倡导者联结起来。

童年联盟（Alliance for Childhood）

https://allianceforchildhood.org

该网站旨在推广儿童发起的、开放式的游戏机会和游戏网络，从而改善儿童的生活。网站上展示了鼓舞人心的儿童照片和视频，以及宣传儿童游戏之益处的工具。

抵制不健康的儿童娱乐教师协会（Teachers Resisting Unhealthy Children's Entertainment，TRUCE）

www.truceteachers.org

该网站由幼儿教育工作者开发，旨在宣传儿童游戏的重要性。它免费提供可下载的资源，包括家庭游戏方案、STEM 游戏指南、玩具选择指南以及其他资源，供那些希望减少技术使用、寻求更多高质量游戏的人使用。（我是该协会指导委员会的成员。）

Videative Series

https://videatives.com/company

Videative 的使命是以瑞吉欧的方式，让儿童的想法变得可见。为此，他们提供了许多带有支持性文本的短视频，其中许多视频都聚焦于游戏性、探究式的 STEM 活动。这些视频能够支持教师了解儿童知道什么，并鹰架儿童新的学习。

工程是基础（Engineering is Elementary，EiE）

www.eie.org/stem-curricula/engineering-grades-prek-8/wee-engineer

该网站的"小工程师"（Wee Engineer）板块向教师介绍了面向年幼儿童的动手操作型工程活动。儿童通过项目式学习，（像成人工程师那样）尝试解决问题。该网站还为幼儿教师和家庭提供了大量数字资源。

教育发展中心（Education Development Center，EDC）

www.edc.org

教育发展中心是一个全球性的非营利组织，是创新项目开发的全球领导者。他们提供工具包、应用程序、图书和课程等各类资源。

KinderLab Robotics

https://kinderlabrobotics.com

该网站聚焦"建构·艺术·编程·游戏",为教师提供的资源包括新闻资讯、博客、视频、活动和培训。

让儿童参与 STEM(Engaging Children in STEM)

http://resourcesforearlylearning.org/educators/module/20/16

该网站板块提供了 3 个视频,供幼儿教育工作者探索 STEM 教学的最佳实践。读者可以观察并思考鹰架儿童新的学习的策略。

Teaching Strategies 研发的 GOLD Documentation

https://teachingstrategies.com/solutions/assess/gold

本书中介绍的开端计划幼儿园使用了这个应用程序,它为教师提供了快速收集和组织数据的工具,包括在线档案袋。生成的报告还可以分享给家庭。特别是,这个程序还考虑了有特殊需要儿童和母语非英语儿童的学习需求。(需要注册。)

幼儿园 STEAM(Preschool STEAM)

https://preschoolsteam.com/science-activities-preschoolers

该网站使用方便,为幼儿园教师提供了能够激发好奇心的

STEAM 活动，以及创造 STEAM 学习机会并将其融入任何环境的步骤。

图书伴成长（Growing Book by Book）
https://growingbookbybook.com
该网站开设专区，介绍了适合年幼儿童的数学和科学图书。

儿童图书

- 卡里·贝斯特（Cari Best）的《今天适合挖土》(*A Perfect Day for Digging*)
- 玛丽莲·辛格（Marilyn Singer）的《棍子是个好东西：户外游戏的赞美诗》(*A Stick Is an Excellent Thing: Poems Celebrating Outdoor Play*)
- 薇薇安·弗伦奇（Vivian French）的《恶心的蚯蚓》(*Yucky Worms*)
- 梅拉妮·米切尔（Melanie Mitchell）的《植物的茎》(*Stems*)
- 伊迪丝·帕图（Edith Pattou）的《斯皮策夫人的花园》(*Mrs. Spitzer's Garden*)
- 里克·克鲁斯托夫斯基（Rick Chrustowski）的《闪亮的甲虫》(*Bright Beetle*)

- 迈克尔·J. 卡杜托（Michael J. Caduto）和约瑟夫·布鲁契克（Joseph Bruchac）的《生命的守护者：通过印第安人的故事和儿童地球活动发现植物》（*Keepers of Life: Discovering Plants through Native American Stories and Earth Activities for Children*）
- 简·约伦（Jane Yolen）的《箱子可以做什么》（*What to Do with a Box*）
- 西摩·西蒙（Seymour Simon）的《蝴蝶》（*Butterflies*）
- 达维德·卡利（Davide Cali）的《机器人妈妈》（*Mama Robot*）
- 阿什莉·斯拜尔（Ashley Spires）的《了不起的杰作》（*The Most Magnificent Thing*）
- 史蒂夫·布林（Steve Breen）的《飞行员紫罗兰》（*Violet the Pilot*）
- 玛丽·安·霍伯曼（Mary Ann Hoberman）的《房子就是我的房子》（*A House Is a House for Me*）
- 科比·雅玛达（Kobi Yamada）的《有了想法你怎么做？》（*What Do You Do with an Idea?*）
- 罗伯特·卡兰（Robert Kalan）的《跳，青蛙，跳！》（*Jump, Frog, Jump!*）
- 卡米尔·安德罗斯（Camille Andros）的《科学家夏洛特被压扁了》（*Charlotte the Scientist Is Squished*）
- 琳恩·迈耶（Lynne Mayer）的《牛顿和我》（*Newton and Me*）

专业图书

- 玛丽·乔·波尔曼（Mary Jo Pollman）的《积木及其他：通过空间学习加强早期数学和科学技能》(*Blocks and Beyond: Strengthening Early Math and Science Skills through Spatial Learning*)

- 艾丽斯·斯特林·霍尼格（Alice Sterling Honig）的《与幼儿一起体验自然：唤醒快乐、好奇心和责任感》(*Experiencing Nature with Young Children: Awakening Delight, Curiosity, and a Sense of Stewardship*)

- 莉萨·戴利（Lisa Daly）和米丽娅姆·别洛戈洛夫斯基（Miriam Beloglovsky）的《开放性材料：幼儿创造性游戏》(*Loose Parts: Inspiring Play in Young Children*)

- 凯特·海洛曼（Cate Heroman）的《从"倒腾"开始的幼儿STEM教育》(*Making and Tinkering with STEM: Solving Design Challenges with Young Children*)

- 朱莉·鲍尔斯（Julie Powers）和希拉·威廉斯·里奇（Sheila Williams Ridge）的《幼儿的自然学习：不限时间、地点和预算》(*Nature-Based Learning for Young Children: Anytime, Anywhere, on Any Budget*)（可参阅该书中的附录2"儿童STEM图书"，附录

3"面向成人的资源",附录 5"材料与设备")

- 玛丽·L. 马斯特森(Marie L. Masterson)和霍莉·博哈特(Holly Bohart)主编的《严肃的乐趣:引导性游戏如何扩展儿童的学习》(*Serious Fun: How Guided Play Extends Children's Learning*)
- 马西娅·塔尔赫姆·埃德森(Marcia Talhelm Edson)的《从科学开始:引导幼儿开展探究的策略》(*Starting with Science: Strategies for Introducing Young Children to Inquiry*)
- 卡伦·沃思(Karen Worth)和莎伦·格罗尔曼(Sharon Grollman)的《蚯蚓、影子和漩涡:幼儿班里的科学活动》(*Worms, Shadows, and Whirlpools: Science in the Early Childhood Classroom*)

立场声明

立场声明是全美幼教协会(NAEYC)用来确立对幼儿教育相关重大问题的理解和支持的重要工具。它们以协商一致的方式编写,并根据需要进行修订。下文的链接将带你进入立场声明的主页,后面所列的是与数学、科学和技术相关的立场声明。

全美幼教协会立场声明

www.naeyc.org/resources/position-statements

数学:"幼儿数学:促进良好的开端"(Early Childhood Mathematics: Promoting Good Beginnings)

科学:"幼儿科学教育"(Early Childhood Science Education)

技术:"技术和互动式媒体作为0—8岁儿童早期教育的工具"(Technology and Interactive Media as Tools in Early Childhood Programs Serving Children from Birth through Age 8)

参考文献

Bartolini, V. & Rashleigh, E. P.（2017）. Transforming a Reggio-Inspired Documentation Assignment Using VoiceThread, an Online Collaborative Tool. *Innovations in Early Education: The International Reggio Emilia Exchange, 24*（1）: 14–23.

Counsell, S. L., Escalada, L., Geiken, R., Sander, M., Uhlenberg, J., Van Meeteren, B., Yoshizawa, S. & Zan, B.（2016）. *STEM Learning with Young Children: Inquiry Teaching with Ramps and Pathways*. New York, NY: Teachers College Press.

De Arment, S., Xu, Y. & Coleman, H.（2016）. Optimizing Accessibility Through Universal Design for Learning. In T. Catalino & L. E. Meyer（Eds.）, *Environment: Promoting Meaningful Access, Participation, and Inclusion*（pp. 33–50）. Washington, DC: Division for Early Childhood.

Donohue, C. & Schomberg, R.（2017）. Technology and Interactive Media in Early Childhood Programs: What We've Learned from Five Years of Research, Policy, and Practice. *Young Children, 72*（4）.

Edwards, C., Gandini, L. & Forman, G.（Eds.）.（2012）. *The

Hundred Languages of Children: The Reggio Emilia Experience in Transformation, 3rd ed.. Santa Barbara, CA: Praeger.

Fyfe, B.（1994）. Images from the United States: Using Ideas from the Reggio Emilia Experience with American Educators. In L. G. Katz & B. Cesarone（Eds.）, *Reflections on the Reggio Emilia Approach*（pp. 19–32）. Urbana, IL: ERIC Clearinghouse on Elementary and Early Childhood Education.

Fyfe, B.（2019）. Review of *Border Crossings: Encounters with Living Things/Digital Landscapes. Innovations in Early Education: The International Reggio Emilia Exchange, 26*（4）: 38–39.

Gandini, L.（2012）. Connecting Through Caring and Learning Spaces. In C. Edwards, L. Gandini & G. Forman（Eds.）, *The Hundred Languages of Children: The Reggio Emilia Experience in Transformation*, 3rd ed.（pp. 317–342）. Santa Barbara, CA: Praeger.

Golinkoff, R. M. & Hirsh-Pasek, K.（2016）. *Becoming Brilliant: What Science Tells Us about Raising Successful Children*. Washington, DC: American Psychological Association.

Hirsh-Pasek, K., Golinkoff, R. M., Berk, L. E. & Singer, D. G.（2009）. *A Mandate for Playful Learning in Preschool: Presenting the Evidence*. New York, NY: Oxford University Press.

Leonni, L.（2017）. *Little Blue and Little Yellow*, reprint ed.. New York,

NY: Dragonfly Books.

Malaguzzi, L.（1987/2015）. *To Make a Portrait of a Lion*. DVD. Reggio Children USA.

Marshall, N. L., Dennehy, J., Johnson-Staub, C. & Robeson, W. W.（2005）. *Massachusetts Capacity Study Research Brief: Characteristics of the Current Early Education and Care Workforce Serving 3–5 Year-Olds*. Wellesley, MA: Center for Research on Women, Wellesley College.

Neumann-Hinds, C.（2007）. *Picture Science: Using Digital Photography to Teach Young Children*. St. Paul, MN: Redleaf Press.

Rinaldi, C.（1994）. Staff Development in Reggio Emilia. In L. G. Katz & B. Cesarone（Eds.）, *Reflections on the Reggio Emilia Approach*（pp. 55–60）. Urbana, IL: ERIC Clearinghouse on Elementary and Early Childhood Education.

Shaw, C. G.（2014）. *It Looked Like Spilt Milk*. New York, NY: Harper Festival.

Stacey, S.（2019）. *Inquiry-Based Early Learning Environments: Creating, Supporting, and Collaborating*. St. Paul, MN: Redleaf Press.

Stone-MacDonald, A., Wendell, K., Douglass, A. & Love, M. L.（2015）. *Engaging Young Engineers: Teaching Problem-Solving Skills Through STEM*. Baltimore, MD: Paul H. Brookes.

CREATING A REGGIO-INSPIRED STEM ENVIRONMENT FOR YOUNG CHILDREN

By Vicki Carper Bartolini

Copyright © 2021 by Vicki Carper Bartolini

Published by arrangement with Redleaf Press c/o Nordlyset Literary Agency through Bardon-Chinese Media Agency

Simplified Chinese translation copyright © 2024

by Educational Science Publishing House Limited

ALL RIGHTS RESERVED

本书简体中文版由 Redleaf Press c/o Nordlyset Literary Agency 通过 Bardon-Chinese Media Agency 授权教育科学出版社有限公司独家翻译出版，未经出版社书面许可，不得以任何方式复制或抄袭本书内容。

版权所有，侵权必究。